Barbara Schott / Veronika Zickendraht

Schlank
und chic
ohne Diät!

Durch Neurolinguistische Programmierung

W0052634

mvg verlag

CIP-Titelaufnahme der Deutschen Bibliothek

Schott, Barbara:
Schlank und chic ohne Diät! : Durch neurolinguistische
Programmierung / Barbara Schott ; Veronika Zickendraht. –
München : mvg-Verl., 1990
  (mvg-Paperbacks ; 435)
  ISBN 3-478-08435-0
NE: Zickendraht, Veronika:; GT

Zeichnungen: Heinrich Klimke

© mvg – Moderne Verlagsgesellschaft mbH, München

Alle Rechte, insbesondere das Recht der Vervielfältigung und Verbreitung
sowie der Übersetzung, vorbehalten. Kein Teil des Werkes darf in irgendeiner Form (durch Fotokopie, Mikrofilm oder ein anderes Verfahren) ohne
schriftliche Genehmigung des Verlages reproduziert oder unter Verwen-
dung elektronischer Systeme gespeichert, verarbeitet, vervielfältigt oder
verbreitet werden.

Umschlaggestaltung: Gruber & König, Augsburg
Satz: Fotosatz Buck, Kumhausen
Druck- und Bindearbeiten: Presse-Druck Augsburg
Printed in Germany 080 435/7901002
ISBN 3-478-08435-0

Inhalt

Vorwort

Dieses Buch widmen wir allen Teilnehmern unserer Seminare „InnerThin", die uns immer wieder ermutigten, das Wissen um den Weg zur schlanken und attraktiven Erscheinung aufzuschreiben.

Besonderer Dank gilt unseren Lehrern des Neuro-Linguistischen-Programmierens, Maryan und Ed Reese, John Grinder und Richard Bandler für die Möglichkeit, Regisseur des eigenen Lebens zu werden.

Herrn Kurt Klimke danken wir herzlich für seine graphische Unterstützung!

Unseren Freunden Ingrid, Doris, Linda, Michael und Atila sei Dank, daß sie uns treu blieben und uns bei unseren jahrelangen Diskussionen zum Thema „Wie wird man schlank und bleibt es auch?" unterstützten.

Sehr großen Anteil am Gelingen dieses Buches hat die Tänzerin Aziza: Ihre geistige und körperliche Beweglichkeit und ihre faszinierende Ausstrahlung sind unser Vorbild!

Barbara Schott
und
Veronika Zickendraht

Teil I

I. Kapitel
Von der Fähigkeit, dick zu sein

Übergewicht ist das Ergebnis einer bestimmten Fähigkeit! Leider ist diese Fähigkeit, weniger Energie zu verbrauchen als zugeführt wird und diesen Überschuß auch noch in körpereigenem Fett zu speichern, nicht als Fähigkeit anerkannt. Das ist kein Wunder, denn in unserer westlichen Welt sind viele Menschen in der Lage, sich ein Übermaß an Lebensmitteln zu leisten! Gesellschaftliche Normen scheinen aber gerade darin zu bestehen, das Unmögliche als Standard zu fordern: Menschen, die von Natur aus schlank sind, wären wohl – von den letzten fünfzig Jahren abgesehen – in der Vergangenheit wahrscheinlich eher verhungert, weil ihnen die Möglichkeit, bei Überfluß dick zu werden und Körperfett für Notzeiten zu bilden, fehlte! Kein Wunder, daß in weniger entwickelten Ländern, in denen Hungersnöte herrschen, Übergewicht als Fähigkeit angesehen wird, denn ein übergewichtiger Mensch kann sich dort mehr Nahrungsmittel leisten, als seine hungernden Nachbarn.

Mit 22 Jahren verliebte ich mich ganz heftig! Ich war bei einer Größe von 1,68 m etwas über 100 kg schwer und hatte über fünf Jahre lang von Ananas bis Tabletten alles vergeblich durchprobiert, um schlank zu werden. *Er* war 1,92 m groß und um 10 kg leichter als ich. Zum ersten Mal kamen mir Zweifel an meiner gängigen Vorstellung, daß mein Körperumfang vom Essen käme. Denn mein Freund aß sehr viel mehr als ich und setzte nichts an. Seine Erklärung: „Bei meiner Länge brauche ich natürlich auch mehr Energie, zudem haben wir in unserer Familie mit dem Gewicht sowieso keine Probleme! Alle Männer in unserer Familie sind schlank und können soviel essen, wie sie wollen". Mir allerdings riet er, weniger zu essen, damit ich so schlank würde wie er! Immer, wenn wir in einem Restaurant oder einem Cafe saßen, zeigte er mir demonstrativ diejenigen, die üppige Gerichte oder kalorienreiche Torten auf ihre Teller häuften, und meinte: „Du siehst ja, wer mehr ißt als die anderen. Man sieht es ihnen an der Figur an!". Ratschläge sind auch Schläge – das merkte ich in solchen Diskussionen schnell!

Die unausgesprochene Aufforderung, die ich immer hörte, war: „Wenn du mehr Disziplin hättest, wärst du so schlank wie ich!" Was mich stutzig machte, war: In meinen Augen hatte er gar keine Disziplin, denn er entschied aus dem Augenblick heraus, ob er aß oder ob er nicht aß. Er ließ Tortenstücke angebissen liegen oder bestellte sich etwas, rührte es dann jedoch kaum an – mit Disziplin hatte das für mich wenig zu tun. Ich hatte nur noch einen Wunsch: so „disziplinlos" schlank zu werden wie er! Es mußte hier ein Geheimnis geben!

Von Natur aus neugierig, war ich überzeugt, daß weniger zu essen nicht die Lösung sein konnte! Es war ein langer Weg bis zur Erkenntnis, daß Schlanksein und Dicksein beides Fähigkeiten sind, die man wie jede andere Fähigkeit erlernen kann, wenn man die Regeln beherrscht. Vor fünf Jahren begann ich, meine Erkenntnisse in Kursen wie „Gewichtig sein, Gewicht haben" anzubieten, und viele Teilnehmer besitzen seitdem die Fähigkeit schlank zu sein, ebenso wie sie gelernt hatten, Auto zu fahren, Schlittschuh zu laufen oder Sprachen zu erlernen! Immer wieder wurde ich gebeten, die Regeln dieser Fähigkeit aufzuschreiben, um möglichst viele Menschen zu erreichen, die vielleicht sonst nie erfahren, daß es weder mit der Menge

**„Iß mehr und Du kannst es bald mit mir auf-
nehmen!"** – Ratschläge sind auch Schläge!

des Essens zu tun hat, noch mit der ausgeklügeltsten Diät, ob man schlank ist und es auch bleibt. Sicherer schlank wird man ohne Diät!

Dieses Buch ist in drei Teile gegliedert:

Teil I : Sie haben Lust, die Fähigkeit zu einer schlanken Figur zu erlernen.

Teil II : Sie wollen Ihre äußere Attraktivität erhöhen, ohne Ihre Figur zu verändern. Lesen Sie dazu die 100 Attraktivitätstips der Stilberaterin Veronika Zickendraht.

Teil III: Sie wollen Ihre Wirkung in jeder Situation effektiv einsetzen können. Der 101. Attraktivitätstip zeigt Ihnen, wie Sie Ihre persönliche Ausstrahlung beim ersten Eindruck optimal einsetzen.

Wählen Sie aus, welcher Teil Ihnen am gerechtesten wird. Viel Spaß dabei!

Das Modell:
Der Eisberg

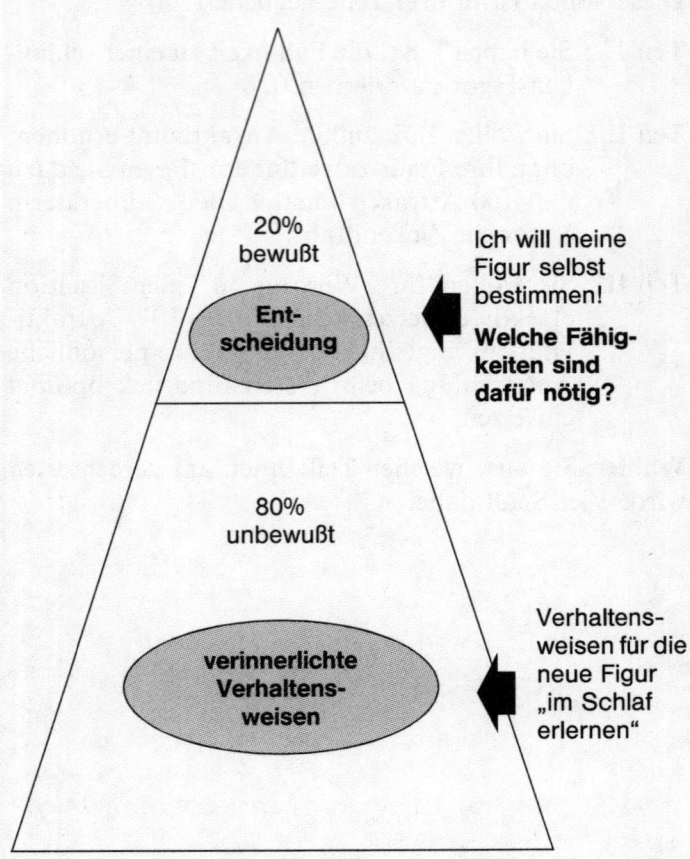

20%
bewußt

Ent-
scheidung

Ich will meine
Figur selbst
bestimmen!
**Welche Fähig-
keiten sind
dafür nötig?**

80%
unbewußt

verinnerlichte
Verhaltens-
weisen

Verhaltens-
weisen für die
neue Figur
„im Schlaf
erlernen"

II. Kapitel

Schlank von innen: Um was es geht

1. Kurzinformation für alle, die wissen wollen, was es mit der Schlankheit auf sich hat

Jeder, der eine Fremdsprache, einen neuen Tanz oder eine neue Sportart erlernen will, weiß, daß er zuerst vieles falsch machen wird. Aber jeder Lernende stellt sich innerlich auf das Lernen ein, weil es um eine Fähigkeit geht, die er erst erwerben muß. Auge, Ohr, Beweglichkeit, Geschicklichkeit, Gleichgewichtsgefühl, manchmal auch Geruchs- und Tastsinn müssen sich erst entwickeln, damit man es „wirklich drauf hat"! Wer bei jedem neuen Tangoschritt überlegt, ob er jetzt den Ausfallschritt macht oder sich lieber dreht, der ist schon aus dem Takt. Wer in der englischen Konversation nach den passenden Vokabeln sucht und sie nicht schon im Gehirn bereitgestellt hat, der wird kein interessantes Gespräch führen können. Das heißt, wir lernen bewußt die Regeln einer neuen Fähigkeit und üben sie so lange, bis sich die Nerven im Gehirn so verdrahtet haben, daß die Abläufe in unserem Körper automatisch vor sich gehen.

Wie dieses Zusammenspiel zwischen bewußtem Erlernen der Spielregeln und dem Verinnerlichen dieser neuen Fähigkeit funktioniert, läßt sich am besten am Modell des Eisbergs verdeutlichen: Bei einem Eisberg ist nur der kleinere Teil über dem Wasser sichtbar, der größere Teil befindet sich unter Wasser. So ist es auch mit unserem Bewußtsein. Es stellt die sichtbare Spitze des Eisbergs dar. Man schätzt seinen Anteil an allen Verhaltensprozessen auf etwa 20 Prozent. Der Eisbergteil unter Wasser symbolisiert das Unterbewußtsein, das zu etwa 80 Prozent unser Verhalten steuert.

Die Entscheidung, Tango tanzen zu lernen, wie auch die Entscheidung, schlank zu werden, fällt man bewußt. Der erste Schritt zu jeder neuen Fähigkeit beginnt mit der Frage nach den Regeln dieser neuen Fähigkeit und die einzige Frage heißt: Wie wird man schlank, und wie bleibt man es dauerhaft, ohne jemals wieder über sein Eßverhalten nachzudenken!

Der nächste Schritt besteht dann in der Einübung dieser neuen Regeln: Unser Unterbewußtsein verhält sich immer so, als ob wir die gewünschte Figur ohne Überlegung erreichen und behalten wollen; oder denken Sie darüber nach, wie Sie beispielsweise beim Laufen Ihre Beine bewegen?

Unser Unterbewußtsein baut hierfür ein Bild der gewünschten Figur auf. Es stellt dabei keine Überlegungen an, wie man diese Figur erreicht oder behält. Hier setzen unsere ,,bewußten'' 20 Prozent ein. Was in dieser Einübungsphase erfolgt, ist ein permanenter Dialog zwischen Ihrem Unterbewußten und dem Bewußten. Diese Dialoge brauchen Zeit, wenn sie erfolgreich für den Beteiligten sein sollen.

Beim Schlanksein scheint alles anders zu sein: Hier geht es um einen Blitzkrieg gegen lästige Pfunde: ,,Kampf den Dickmachern'', oder ,,Beate H. verlor 24 kg in zwei Wochen'' − so lauten die Überschriften in den verschiedenen Anzeigen. Mühelos muß es gehen. So heißt es etwa: ,,Bitte kreuzen Sie an: Ja, ich möchte in kurzer Zeit mühelos abnehmen, senden Sie mir dafür den Gewichtsplan . . . '' oder: ,,Vor unserer Dynamo-Diät 76,8 kg, danach 56,8 kg''.

Keiner dieser „Dynamo-Diät"-Anbieter würde Ihnen dieselbe Frau nach zwei oder fünf Jahren zeigen. Es scheint aber doch so einfach zu sein: Man muß nur weniger essen, und schon schwinden die Polster! Sind das aber die Regeln des Spiels oder des Dialogs? Muß denn jeder Bissen vor seinem Genuß in die Kalorienbilanz eingerechnet werden? Anders als bei allen anderen gelernten Fähigkeiten, die wir sozusagen im Schlaf beherrschen, können wir uns bei unserer Figur scheinbar nicht darauf verlassen, daß wir unbewußt genau das Richtige in der richtigen Menge essen, so daß wir gesund sind und unsere gewünschte Figur beibehalten, und zwar für immer? Niemand wird jemals vergessen, aus einer Tasse zu trinken, um einmal eine ganz alltägliche Fähigkeit zu nennen. Er hat es gelernt, verinnerlicht und „kann es". Keiner hat uns jedoch beigebracht „schlank zu werden" oder gar „schlank zu bleiben".

2. Was glauben Sie?

(Bitte „ja" oder „nein" ankreuzen)

Schlank sein heißt:	ja	nein
dauernd zu verzichten:		
Willenskraft zu haben:		
beliebt, geliebt, anerkannt zu sein:		

Haben Sie ein- bis dreimal mit „ja" geantwortet?

Für Sie schrieb ich mir dieses Buch nach vielen Jahren und unzähligen Diätversuchen von der Seele, weil ich viel zu lange glaubte, ich sei zu willensschwach, und ich müßte mich nur zum Verzicht durchringen, dann würde ich meine attraktive Figur, die über Freud oder Leid im Leben entscheidet, wiedererlangen. Ich erkannte, daß Essen als Energiezufuhr mit der gesamten Energiebilanz im Zusammenhang steht. Während die Energiezufuhr im Bewußtsein abläuft, vollzieht sich die Energieverwertung im Unterbewußtsein. Eine Form der Energieverwertung ist die Lagerung von überschüssigen Energiereserven in Form von Körperfett. Das Phantastische: Mit unseren bewußten Kräften lassen sich die unbewußten Kräfte steuern, man muß lediglich die Regeln kennen.

Dieses Buch ist als Hilfe für Sie gedacht, sich mit Ihrer äußeren Erscheinung nicht nur zu versöhnen, sondern sie auch insgesamt zu ändern, sei es durch Kleidung, Schmuck, Kosmetik und Frisur, oder sei es auch durch die Veränderung der Figur, so daß Sie das Leben in vollen Zügen genießen können. Sie werden Spaß daran haben, die Fähigkeit „Ich – will – eine – schlanke – Figur – bekommen – und – sie – behalten" zu erlernen. Sie werden feststellen – wenn Sie nach Jahren dieses Buch wieder aus Ihrem Regal holen, daß Sie diese Fähigkeit erlernt haben, verwirklicht haben und daß sie nach einiger Zeit unterbewußt abläuft.

Haben Sie dreimal mit „nein" geantwortet?

Herzlichen Glückwunsch! Sie kennen das Geheimnis einer schlanken Figur! Dieses Buch ist aber trotzdem für Sie geschrieben. Vielleicht haben Sie Lust, auf Entdeckungsreise zu gehen und Ziele, die ganz tief in Ihnen schlummern, anzupacken und zu verwirklichen.

Wollen Sie nochmals Ihren Weg zur Fähigkeit „Schlanksein" mitverfolgen? Vielleicht haben Sie Lebensziele, die Sie immer schon mal anpacken wollten. Die vorgeschlagene Methode konzentriert sich zwar auf die Fähigkeit des Schlankseins und Schlankbleibens, sie ist allerdings auch für jedes andere Ziel einsetzbar.

Am besten, Sie beginnen dann mit dem Kapitel VIII, 1. „Vom Wunsch zum Ziel." Viel Spaß!

III. Kapitel
Schlank werden — schlank bleiben

1. Der große Verzicht oder das spannende Spiel mit der eigenen Energiebalance

Schlank ohne Verzicht — wie geht das überhaupt? Wie lange dauert es, bis die Idealfigur erreicht ist? Wie kann man sie dann auch dauerhaft halten?

Die Antwort, die wir heute von allen Seiten hören, *scheint* eindeutig zu sein:

Verzicht, Verzicht, Verzicht — auf alle sogenannten Dickmacher!
Statt dessen maßvolles Genießen der sogenannten Schlankmacher!

Zähl dich schlank: Man muß nicht erst den Bestseller über die Diäten der Berühmten und der Reichen lesen. Von Boulevardzeitungen bis hin zu Wirtschaftsmagazinen scheint eines klar: Der Pfad der Tugend heißt ,,Schlank durch weniger Kalorien!'' Weniger Kalorien heißt kohlehydratarme Speisen, heißt Salat, heißt zählen, wiegen, abmessen, um die magische Grenze von 600, 800 oder maximal 1000 Kalorien pro Tag nicht zu überschreiten. Das Kalorienjonglieren ist offenbar die am meisten gebrauchte Fähigkeit!

Der Kalorien-Jongleur

Man braucht nur eines, die nötige Willenskraft und Disziplin! Mit .etwas Selbstdisziplin kann es jeder schaffen, das Richtige in der angemessenen Menge zu essen.

Je mehr Willenskraft, um so eher wird die Idealfigur erreicht. Auch bei Rückfällen hilft nur Willenskraft. Beispielhaft sei hier der Arzt Dr. Karrasch in seiner neuen Veröffentlichung ,,Schlank für immer'' zitiert: ,,Ein gewisses Maß an Selbstdisziplin und Selbstkontrolle ist nötig. Dazu gehört, daß Sie sich einmal in der Woche wiegen und daß Sie rasch etwas unternehmen, wenn Sie einmal aus dem Gleichgewicht geraten sind oder gesündigt haben''.

Ist denn der Verzicht die einzige Fähigkeit, die man lernen muß? Dahinter steht der Glaubenssatz: Dick wird man vom Essen, von einem Zuviel an Kalorien. Und wenn man die Disziplin hätte, immer nur das zu essen, was schlank macht, hätte man auch sein Idealgewicht! Fazit: Dick ist gleich dumm? Das heißt, zu dumm, um den Mund rechtzeitig vor den Kalorienbomben zu verschließen? Kann man nur schlank werden mit der Fähigkeit der drei Affen: Nichts riechen, nichts sehen, nichts essen? Wen wundert es, daß sich Übergewichtige für disziplinlos halten, sich selbst verachten oder gar hassen, in steter Fehde mit ihrem Körper liegen, weil er sie im Stich läßt und anscheinend allen anderen diese simple Übung, ,,den Mund an der passenden Stelle zuzumachen'' und zu verzichten, besser gelingt. ,,Ich mochte mich gar nicht mehr im Spiegel angucken: wie eine Tonne sah ich aus, 149 kg brachte ich bei 1,75 m Größe auf die Waage. Nichts paßte mir mehr!'', so Monika, eine Teilnehmerin meines Seminars über ihre Entscheidung, schlank zu werden.

Ist es denn so, daß alle Menschen, die viel (vielleicht auch noch das Falsche) essen, dick sind? Hat nicht jeder von uns sie schon kennengelernt, die, wie meine Jugendliebe, gertenschlank sind und die in sich hineinessen können, was ihnen schmeckt, und dann noch ganz überzeugt vor sich behaupten können, „nichts macht mich dick!" Zu allem Überfluß stimmt das auch noch. Sie sind hager, können essen, was sie wollen – und zwar in großen Mengen – und haben immer dieselbe Figur und dasselbe Gewicht.

Solche Menschen widerlegen durch ihre bloße Existenz die Gleichung: Schlank sein = Verzicht auf Essen!

Die Gleichung muß heißen: Schlanksein und Essen sind zwei Paar Schuhe! Die Regeln des Spiels „Schlankheit" sind so nicht vollständig, es fehlt die Umsetzung der aufgenommenen Nahrung in Energie, denn ein Überschuß an Nahrung kann – muß aber nicht! – zu Körperpolstern führen.

Energiekreislauf

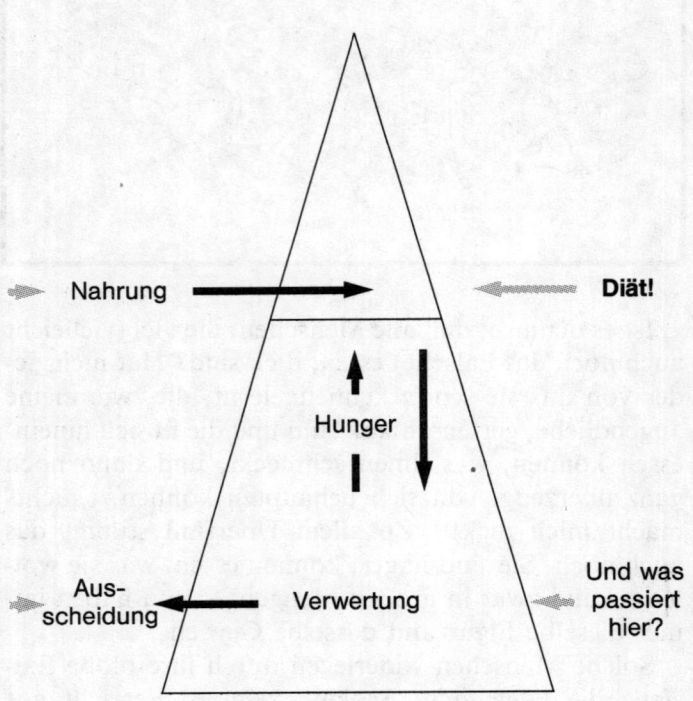

Nahrung → ← **Diät!**

↑↓ Hunger

Aus-scheidung ← Verwertung ← Und was passiert hier?

2. Die Spielregeln

Spielregel 1:
Ein Zuviel an Kalorien führt nicht zwangsläufig
zu Körperfett!

Übergewicht kann durch ein Ungleichgewicht zwischen Energiezufuhr und Energiebedarf im menschlichen Körper entstehen. Es muß aber nicht entstehen: Es gibt medizinisch drei Möglichkeiten, einen Überschuß zwischen Energiebedarf und Energiezufuhr zu bewältigen:

Alternative 1) Der Überschuß kann einfach *ausgeschieden* werden, wie bei einem Überschuß an Vitamin C, oder

Alternative 2) er kann in *Wärme* statt in Fett umgesetzt werden, oder

Alternative 3) der Überschuß wird im Körpergewebe als *Fett* eingelagert.

Das Mißverständnis der Diätverfechter besteht darin, daß sie den Menschen mit einer Maschine vergleichen, etwa mit einem Auto: Gibt man mehr Gas, wird mehr Benzin verbraucht. Wieviel Liter Benzin auf 100 Kilometer bei einer bestimmten Geschwindigkeit verbraucht werden, hängt vom Konstruktionsplan des Entwicklers ab, und der ist starr und festgelegt! Ist das Benzin zu Ende, hat man einen eingebauten Reservetank, dessen Hebel sich einstellt, wenn der Haupttank leer ist. So werden die Reserveliter als nächstes aufgebraucht. Diese Reservetank-Automatik gibt es bei Autos! Gilt sie auch für uns Menschen?

Spielregel 2:
Der Mensch ist keine Maschine!

Unser innerer Verbrauchsplan paßt sich sehr flexibel den Umständen an: Ohne feste Nahrung kann der Mensch einige Wochen überleben, ohne flüssige Nahrung immerhin noch etwa zwei bis drei Tage.

Unser Verbrennungsmotor ist ein hochkomplexes, biologisches System mit vielen Selbstregulierungskräften, das uns schon in grauer Vorzeit durch automatische Anpassung das Überleben sicherte. Für Mangelzeiten ist unser Gehirn so geschaltet, daß die Energieausbeute der Nahrungsmittel intensiviert wird, und in extremer Hungersnot können wir uns aus unseren körpereigenen Reserven selbst ernähren, uns quasi selbst verspeisen. Mit einem gewöhnlichen Verbrennungsmotor ist dieses unglaubliche Wunderwerk feinster und perfektester Steuerung nicht zu vergleichen. Ein im Gehirn fest verdrahteter biologischer Schaltplan kann zum Beispiel die ideale Betriebstemperatur des Körpers selbst unter extremsten Bedingungen auf ein zehntel Grad Celsius genau halten, die Atemfrequenz und den Herzrhythmus exakt an den Bedarf anpassen und komplizierteste Bewegungsabläufe sicher steuern. Unsere Reflexgeschwindigkeit reicht sogar noch für Überschalltempo aus.

Im Hormonbereich und bei den Nerven geht es noch weit komplizierter und raffinierter zu, und das mit einer Perfektion, die alle Computer der Welt nicht erreichen können. Dieses „Wunderding" steuert auch unsere Energieversorgung selbstregulierend. Ist es nicht sinnvoller, sich mit der gesamten Energiebilanz als nur mit der Zufuhr zu beschäftigen?

Der Schlüssel zum Geheimnis der Fähigkeit, schlank oder dick zu sein, liegt in unserem Unterbewußtsein! Die dort vorhandenen, unbewußten Verhaltensweisen

28

bestimmen, welche Möglichkeiten unsere Energiezentrale bei einem Energieüberschuß auswählt. Wie die Graphik des Energiekreislaufs zeigt, beziehen sich die gängigen Schlankheitsregeln nicht auf den Energiekreislauf, sondern nur auf die Energiezufuhr, und das ist zu wenig!

IV. Kapitel
Wie funktioniert unser Energiehaushalt?

1. Die drei Schutzengel unserer Energiezentrale

Die Verbindung zwischen unserem Unterbewußtsein und dem Bewußtsein sind unsere Hunger- und Sättigungsgefühle. Für diejenigen, die es vom medizinischen Standpunkt aus interessiert: Gesteuert wird unser Hunger- und Sättigungsgefühl vom autonomen vegetativen Nervensystem, das alle automatisch ablaufenden Vorgänge wie Atmung, Herzschlag, Temperaturregelung, Wach- und Schlafrhythmus, Stoffwechsel mit Eßverhalten und Hunger- und Sättigungsgefühlen steuert.

Wenn wir uns in unserer westlichen Welt des Überflusses nach unserem Hunger- und Sättigungsgefühl richten, folgen wir unbewußt einer Energieschaltung, die auf die Schaffung von Körperpolstern ausgerichtet ist! Es sind eigentlich drei automatisch ablaufende Energieaufnahme- und Verwertungsprogramme, die Tausende von Jahren bis in das vorige Jahrhundert hinein − in einer Welt, in der von Jagd und Ernte abhängige Menschen hungern müßten − das Überleben sicherten.

Es ist, als hätte man uns drei Schutzengel, drei Überlebenshelfer mitgegeben, die uns auch in der allergrößten Hungersnot am Leben erhalten. Da wir, außer in den letzten Jahrzehnten, nie in einer derartigen

Fülle lebten — jedenfalls in der westlichen Welt —, ist unsere innere Gehirnschaltung, die unseren Energiehaushalt bestimmt, noch auf eine Welt des Mangels ausgerichtet. Die Hirnanhangdrüse (Hypophyse), die sozusagen als Konzertmeisterin aller Drüsen tätig ist und die die notwendigen Hormone zur Regulierung von Appetit, Nahrungsaufnahme und Stoffwechselvorgängen produziert, folgt anscheinend noch immer einem inneren Überlebensprogramm, das auf Mangel geeicht ist: Wenn wir uns nur immer richtig satt essen, reagiert dieses Programm so, wie es eine Million Jahre lang reagiert hat: mit dem Anlegen von Reserven. Alle diejenigen, die diese Gehirnstrukturen nicht besitzen, hätten früher nicht überleben können, stellen aber heute eher das Ideal dar, das es zu erstreben gilt! Alle anderen trauen ihren Hungergefühlen nicht mehr, weil sie, wenn sie sich richtig satt aßen, ständig zunahmen!

Muß man, um unserer Norm zu entsprechen, ständig seinen Hunger verleugnen? Ist es nicht sinnvoller, die Programme, die unsere Hungergefühle mitsteuern, genauer kennenzulernen und die Regeln zu erlernen, mit denen wir sie nach unseren Wünschen beeinflussen können?

Drei Sprichwörter weisen auf diese tief im Inneren des Gehirns vorhandenen Überlebensprogramme hin:

Spare in der Zeit, so hast du in der Not

Der erste Schutzengel ist sozusagen ein Schutzengel der Fülle. Redensarten wie „Hunger kommt beim Essen" weisen auf die Fähigkeiten dieses Schutzengels hin. „Darf's ein bißchen mehr sein?", ist seine Lieblingsfrage. Alles wird auf die hohe Kante gelegt, was im Augenblick nicht zur Energieversorgung benötigt wird. Anders als bei einem Zuviel an Vitamin C, das einfach unkompliziert ausgeschieden wird, ist ein Zuviel an Nahrungsmitteln diesem Schatzmeister eine willkommene Gelegenheit, die körpereigenen Reserven aufzustocken.

Der Schutzengel der Fülle paßt auch unsere Hunger- und Sättigungsgefühle automatisch der äußeren Fülle an, so daß wir angesichts eines Buffets, ohne es zu merken, sehr viel mehr essen als ohne diesen optischen Anreiz.

Dieser Schutzengel stellt unter Streß blitzschnell zusätzliche Energie zur Verfügung, die uns in grauer Vorzeit den Angriff oder die Flucht ermöglichte.

Vorsicht ist die Mutter der Porzellankiste

Ein zweiter Schutzengel handelt sozusagen wie ein Sicherheitsexperte oder wie ein innerer Sparkommissar. Er führt eisern Regie, wenn sich die Mangelzeiten ankündigen, und drosselt unseren Energiebedarf. Es wird sozusagen ein Spargang eingeschaltet. Er erkennt also nicht das Ende der Hungerperiode und läßt den Körper immer noch auf Sparflamme weiterarbeiten, obwohl dieser über genügend Reserven verfügt, um auf vollen Touren zu laufen.

In der Not frißt der Teufel Fliegen

In Zeiten der Not sind unsere Sinneswahrnehmungen auf Eßbares geschärft. Der dritte Schutzengel macht aus der Not eine Tugend und ist so kreativ wie ein Pfadfinder. Er weist uns auf alle nur greifbaren Nahrungsmittelquellen hin. Der Pfadfinder sorgt auch für ausgewogene Ernährung: Jeder kennt den Heißhunger auf Verbotenes bei einseitigen Diäten!

Von Mammut zu Mammut verging oft viel Zeit: Hungerszeit!

Nun kommen wir zum Hintergrund dieser Überlebensprogramme:

2. Der Schutzengel der Fülle

Spare in der Zeit, so hast du in der Not

Fettpolster waren für unsere Urahnen überlebenswich-
tig, denn als Großwildjäger überlebten sie sozusagen
von Mammut zu Mammut! Dazwischen waren bittere
Notzeiten. Wenn sie ein solches Tier erlegt hatten,
dann aßen sie wahrscheinlich tagelang und freuten
sich, wie ihr Körperspeck wuchs, den sie ja auch
brauchten, denn von Mammut zu Mammut verging
oft viel Zeit – Hungerszeit!

Hunger- und Sättigungsgefühle mußten sich schon
damals dem äußeren Angebot anpassen. ,,Die Augen
sind oft größer als der Magen!'' ist uns heute noch angesichts übervoller Tische und Buffets geläufig. Ebenso gilt für uns aus grauer Vorzeit: ,,Hunger kommt
beim Essen!'' oder ,,Lieber den Magen verrenken, als
dem Wirt was schenken!''

So ist zum Beispiel bekannt, daß in den 60er Jahren
während der Regierungszeit des Präsidenten Abdel
Nasser, als manche Nahrungsmittel rationiert waren,
der zuständige Minister über zusätzliche Lebensmittel-
einfuhren in der Fastenzeit klagte. In vielen wohlha-
benden ägyptischen Familien wurde an etlichen
Abenden nach dem Tagesfasten wesentlich mehr gegessen, als in den anderen Monaten während der gesamten 24 Stunden! Völlerei war gerade in solchen
Ländern und Zeiten, die von Hungersnöten geprägt
waren, ein Statussymbol!

Der Schutzengel der Fülle

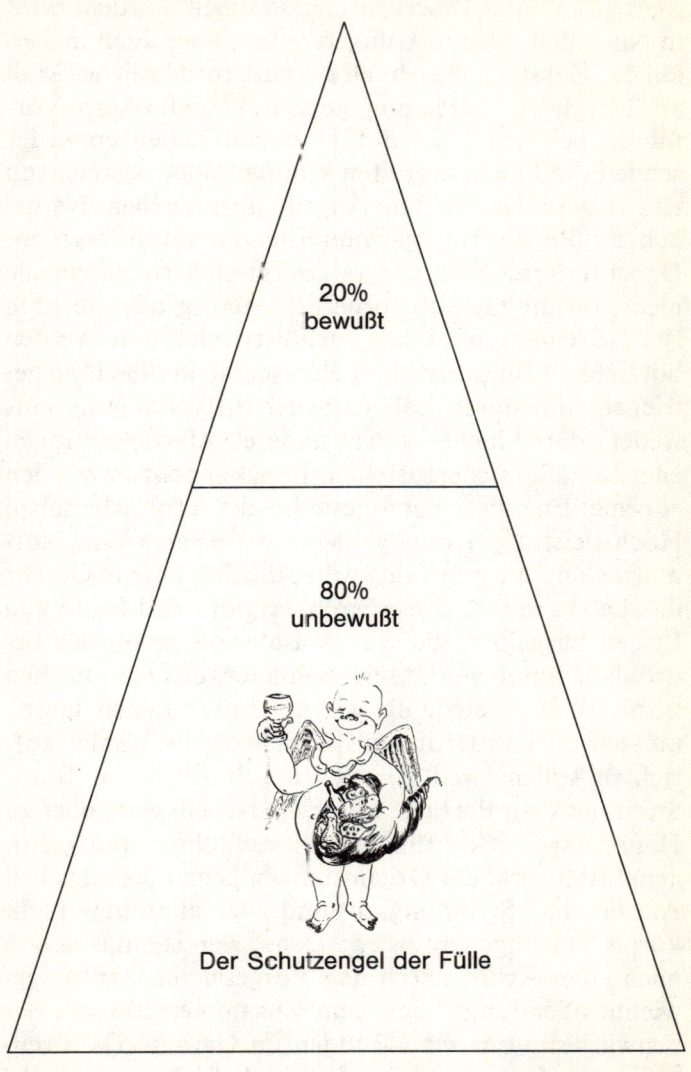

20%
bewußt

80%
unbewußt

Der Schutzengel der Fülle

Und diese Lust zur Fülle haben wir noch heute! Unser Schutzengel tut alles, damit wir in Fülle leben, auch wenn um uns herum Mangel herrscht! Ebenso wie in „guten" Zeiten Reserven angesammelt werden, wird in Notzeiten, also in Hungerszeiten, aber auch in Zeiten der Gefahr, blitzschnell ein außerordentliches Maß an Energie zur Verfügung gestellt, so daß unsere Vorfahren bei Angriffen auf Leib und Leben entweder schnell die Flucht ergreifen konnten oder ausreichend Kräfte besaßen, um zum Angriff überzugehen. Natürlich mußte die Energie hinterher aufgefüllt werden. Dabei unterscheidet unsere Energiesteuerungszentrale nicht, ob die Gefahr körperlich, geistig oder seelisch ist. Adrenalin wird ausgeschüttet, dadurch werden blitzschnell Blutdruck und Herzschlag in die Höhe getrieben, um durch höhere Sauerstoffversorgung entweder die Flucht- oder andere Alarmreaktionen energiemäßig sicherzustellen. In Sekundenfrist werden enorme Energien bereitgestellt, die dem Menschen Höchstleistungen ermöglichen, zu denen er im Normalzustand niemals fähig wäre, die ihm aber in Gefahr das Leben retten. Diese Streßreaktion wird heute von Reizen ausgelöst, die wir seelisch und geistig als bedrohlich ansehen. Unsere Schutzengel aber machen keinen Unterschied, ob wir um unser Leben laufen müssen oder unser inneres Gleichgewicht wieder aufrichten sollen, weil wir uns durch Ärger im Büro, Streit mit dem Partner, Lärm am Arbeitsplatz oder zu Hause angegriffen fühlen. Bei seelischem und geistigem Streß gerät der Organismus in genau den gleichen Alarm- und Spannungszustand, der allerdings nicht körperlich abgebaut wird: Denn wer stemmt schon nach einer Kritik durch den Vorgesetzten Zentnergewichte oder rennt nach dem Zusammenstoß mit der Schwiegermutter zehn Runden im Garten? Da Streßgeplagte oft weder angreifen noch fliehen, sorgt ihr

Schutzengel für einen „Schutzwall“: Sie legen sich eine „dicke Haut“ zu. Die Nerven werden in Fett gelagert, so daß man Angriffe oder eigene Wünsche — Flucht oder Angriff — nicht mehr so stark spürt!

3. Der Schutzengel der Sicherheit

Vorsicht ist die Mutter der Porzellankiste

Vielleicht geht es Ihnen jetzt so, wie vielen meiner Seminarteilnehmer an dieser Stelle. Sie schütteln den Kopf und erinnern sich an die Zeiten, wo Sie es durch Ihre Willenskraft geschafft haben, auf all die verlockenden Kalorienbomben und Dickmacher zu verzichten und tatsächlich auch schlanker wurden.

Neuere Forschungen haben ergeben, daß Übergewichtige für ihren Grundumsatz zu wenig essen, der jedoch ist infolge vieler Hungerkuren drastisch gesunken. Alle Diäten, die den Verzicht als einziges Mittel verschreiben, gehen eigentlich von der gleichen Annahme aus: Der Energiebedarf bleibt immer gleich hoch, unabhängig von der Nahrungsaufnahme. Es handelt sich aber bei unserer Energieaufnahme und -verwertung um ein sehr kompliziertes Steuerwerk von Nahrungsmittelaufnahme, Hormonzufuhr und Nahrungsmittelverwertung.

Es hat sich weiterhin gezeigt, daß diese Automatik bei einer Nahrungsmittelverknappung unter 1 600 Kalorien pro Tag einsetzt. Das bedeutet, daß der Grundumsatz sinkt, der Körper im Ruhezustand weniger Energie braucht als vorher und der natürliche Energieverbrauch sinkt. Unser Kreislauf und unser Nervensystem, die vom Unterbewußtsein gesteuert werden, haben sich auf „knappe Zeiten“ eingestellt.

Hier kommt unser zweiter Schutzengel, der Sicherheitsexperte, ins Spiel. Laufend überwacht er die Fettreserven mit Hilfe hormonaler Botenstoffe wie Glyzerin, die mit dem Blut zum Überwachungssystem ins Gehirn gelangen. Der Blutstromspiegel ist dabei genau proportional dem gespeicherten Fett. Wenn also bei einer strikten Diät die Fettreserven angegriffen werden, dann werden alle wirksamen Mechanismen in Bewegung gesetzt, um die Fettreserven zu erhalten. Die Stoffwechselgeschwindigkeit wird vermindert, die Kalorien werden langsamer verbrannt, und der Mensch wird träge und schläfrig. Der Verbrauch von Glykogen wird eingeschränkt, so daß man schwach und gereizt wird. Die Verdauungsleistung wird erhöht, indem jede erreichbare Kalorie aufgegriffen und mehr Kalorien als normal bioverfügbar gemacht werden, das heißt, daß aus einem halben Apfel jetzt so viele Kalorien herausgeholt werden, wie früher aus einem ganzen Apfel.

Natürlich arbeiten unsere beiden Schutzengel sehr eng zusammen. Eine eherne Regel scheint sie beide zu verbinden: ,,Was einmal auf der hohen Kante ist, bleibt auch da!‘‘

Beim Totalfasten wird beispielsweise zuerst die Reserve an Kohlehydraten angegriffen und Wasser ausgeschieden. Danach wird Gewebeeiweiß, also Muskelmaterial abgebaut. Der Sicherheitsexperte in uns rüstet um. Es wird nach dem Motto: ,,Ein schwacher Motor braucht weniger Benzin!‘‘, sozusagen die PS-Zahl reduziert, um weniger Energie zu verbrauchen.

Der körpereigene Fettabbau ist nur bei einer Stoffwechselumstellung möglich. Dies geschieht allerdings erst sehr spät im Verlauf des Fastens. Besonders verschärft wird die Wirkung dieses Spargangs dadurch, daß er bei einer Zunahme der Nahrungsmittelversorgung noch etwa eine Woche lang unverändert auf dem alten Niveau eingeschaltet bleibt und sich erst langsam

Der Schutzengel der Sicherheit

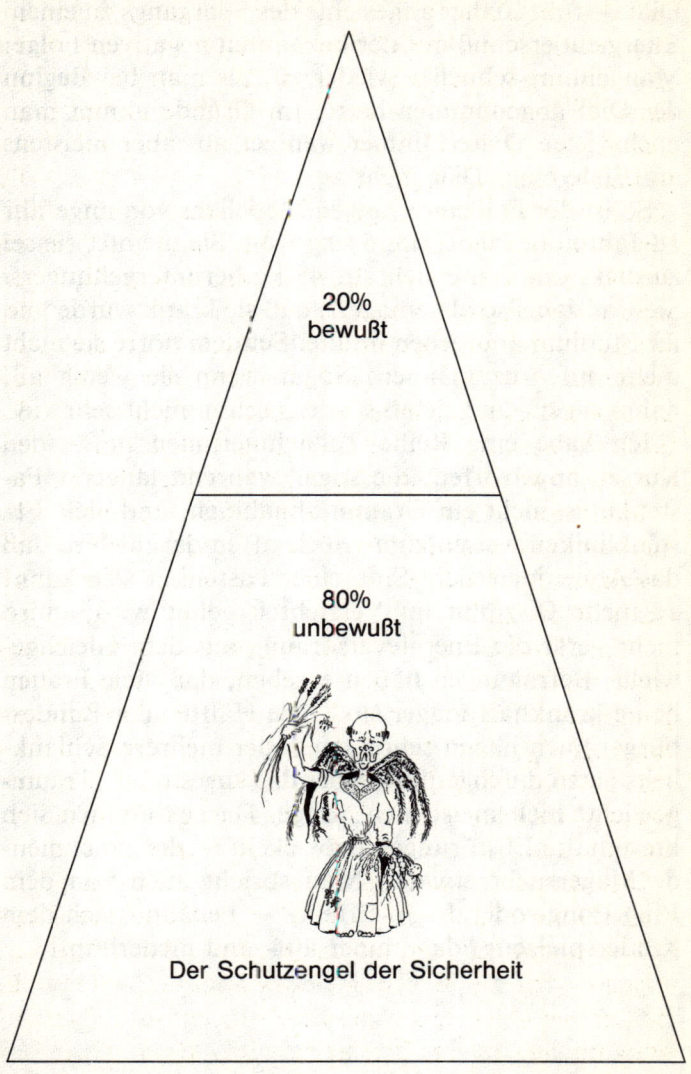

20%
bewußt

80%
unbewußt

Der Schutzengel der Sicherheit

wieder an eine normale Energiezufuhr anpaßt. Die Rückkehr zur Normalkost nach einer Diät — besonders nach einer sehr strengen oder auch einseitigen Diät — führt daher angesichts des Spargangs zu einem Energieüberschuß mit der bekannten negativen Folge: Man nimmt schneller wieder zu, als man bei Beginn der Diät abgenommen hatte. Im Grunde nimmt man nach vielen Diäten immer weniger ab, aber meistens am Ende einer Diät mehr zu.

So ist der Fall eines jungen Mädchens von ungefähr 18 Jahren bekannt, das 54 kg wog. Sie meinte, sie sei zu dick, und hatte sich auf 48 kg heruntergehungert. Sie war dabei so abgemagert, daß sie krank wurde und ihr Studium abbrechen mußte. Seitdem hörte sie nicht mehr auf, zuzunehmen. Sogar wenn sie wenig aß, nahm sie zu, und sie aß sowieso schon nicht sehr viel.

Ich habe eine Reihe Teilnehmerinnen in meinen Kursen angetroffen, die sogar während längerer Fastenkuren nicht ein Gramm abnahmen, und viele Fastenkliniken weisen zum Glück offen darauf hin, daß das Abnehmen nicht Sinn einer Fastenkur sein kann! Je mehr Disziplin im Verzichten geübt wird, umso mehr gerät die Energieversorgung aus dem Gleichgewicht. Befragungen haben ergeben, daß viele Frauen heute krankhaft mager sind. Die Hälfte aller Bundesbürgerinnen haben schon eine oder mehrere Schlankheitsdiäten durchgeführt. Aber das angestrebte ‚Traumgewicht' hielt meist nicht lange. Daraus können sich krankhafte Eßstörungen entwickeln — die zunehmende Magersucht etwa!''. Man spricht auch von dem Ping-Pong- oder Jo-Jo-Effekt, — benannt nach dem Kinderspielzeug, das immer auf- und niederhüpft.

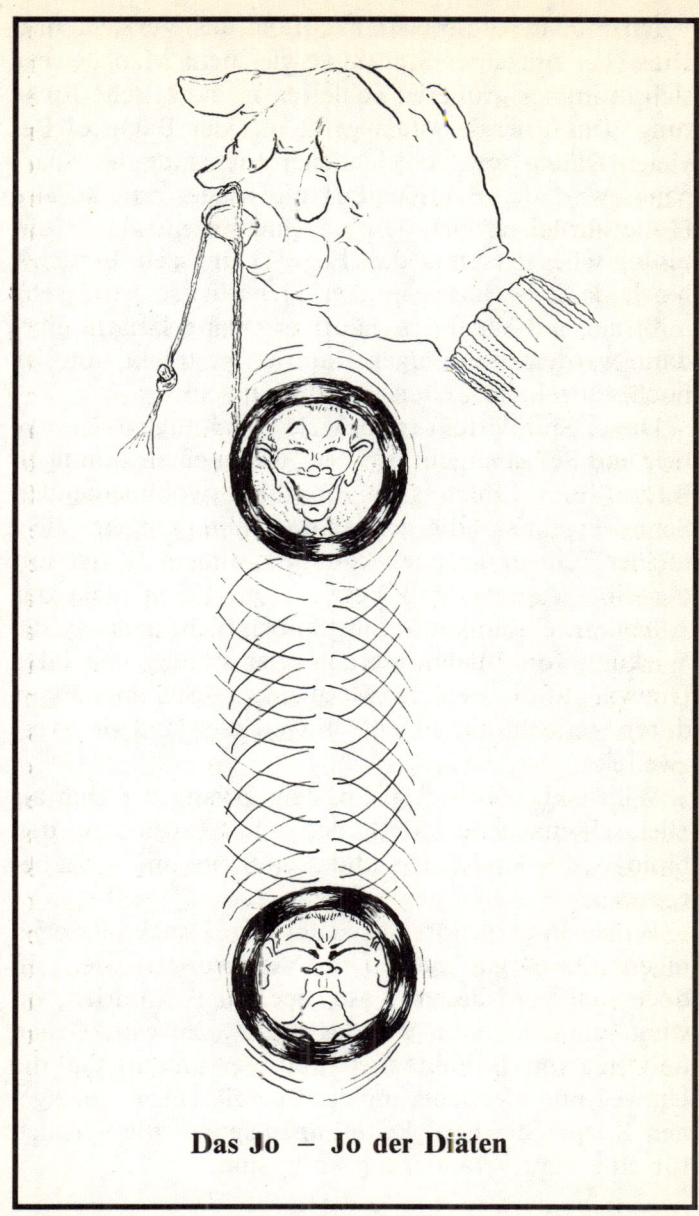

Das Jo – Jo der Diäten

Ich möchte diese Gedankenfalle aus Verzicht und Diät eher mit einer Spirale vergleichen: Man bewegt sich in immer größeren Schleifen in die falsche Richtung. Das Energiesystem gerät aus der Balance! Bei vielen Diäten und verschiedener Intensität des Spargangs wird der Energiebdarf nie wieder auf die alte Höhe zurückgeführt. Unsere Energiezentrale ist ein biologisches System, das Entwicklungszeit braucht. Noch dazu ist unser innerer Sicherheitsexperte sehr mißtrauisch: Wenn es häufiger Mangelzeiten gibt, dann werden die wenigen Kalorien gestreckt, um für noch schlechtere Zeiten gerüstet zu sein.

Dieser Spiraleffekt treibt viele Diätwillige in Krankheit und Selbstverachtung. Sie führen einen ständigen Kampf und fühlen sich von ihren wohlmeinenden Schutzengeln ständig gelinkt und hintergangen. Viele meiner Teilnehmerinnen kommen in meine Kurse mit der Überzeugung, daß Verzicht auf Essen nicht das Allheilmittel sein kann. Sie glauben nicht mehr an die Wirkung von Diäten, werden aber ständig von ihrer Umwelt auf diese einzige Möglichkeit „Schlanke Figur durch Verzicht auf Essen" hingewiesen und sind verzweifelt!

Willenskraft ist nötig, um dem Zwang der Diät als alleinseligmachende Methode − mit Einsicht in den biologischen Kreislauf und dessen Steuerung − zu begegnen.

Willenskraft gehört dazu, um dem Druck all derjenigen, die es gut meinen mit Äußerungen wie: „Iß doch mal von diesem Käse, der hat 0 Kalorien, du wirst schon merken, wie das hilft!", zu widerstehen und sich mit Besonnenheit und Verständnis für die Umwelt und die Steuerung der Energiezentrale im eigenen Körper die Fähigkeiten anzueignen, die wirklich für eine Figurveränderung nötig sind.

4. Der Schutzengel der Kreativität

In der Not frißt der Teufel Fliegen

Essen ist unsere zweitgrößte Lust. Der dritte kreative Schutzengel, „der Pfadfinder", ist zuständig für das Aufspüren von Energiequellen, von Nahrungsmitteln, von Eßbarem. Er macht uns durch Appetit- und Hungergefühle auf die Nahrungsmittel aufmerksam, die wir zur Erhaltung unserer Gesundheit benötigen. Nach einer Fastenperiode ist ein einfaches Stück Brot eine Köstlichkeit, und welcher Diätwillige kennt nicht den Heißhunger auf verbotene Lebensmittel während einer Abmagerungskur?

Esau verschenkt sein Erstgeburtsrecht gegen einen Teller Linsensuppe. Wir kaufen in der Regel sehr viel mehr mit hungrigem Magen, als wenn wir satt zum Einkaufen gehen! Wenn wir satt sind, haben wir die besten Vorsätze, ab sofort Diät zu leben, um endlich die gewünschte Figur zu erreichen. Im hungrigen Zustand genügt die Abbildung bestimmter Speisen oder ihr Geruch, um unsere Vorsätze gefährlich ins Wanken zu bringen.

Für Notzeiten hat uns die Natur den dritten Selbstregulierungsmechanismus geschenkt. Unsere Urahnen hungerten nicht freiwillig oder wegen ihrer Figur. Um zu überleben, mußten sie mehr Energie aufwenden, mehr Antrieb entwickeln, erfinderischer werden, ihre Sinne mußten auf alles möglicherweise Eßbare konzentriert und geschärft werden, damit sie auch lange Hungerperioden überstehen konnten.

Die Natur hat so vorgesorgt, daß die Funktionen, die für unser Überleben am wichtigsten sind, auch mit dem größten Lustgefühl verbunden sind. Dazu gehört

Der Schutzengel der Kreativität

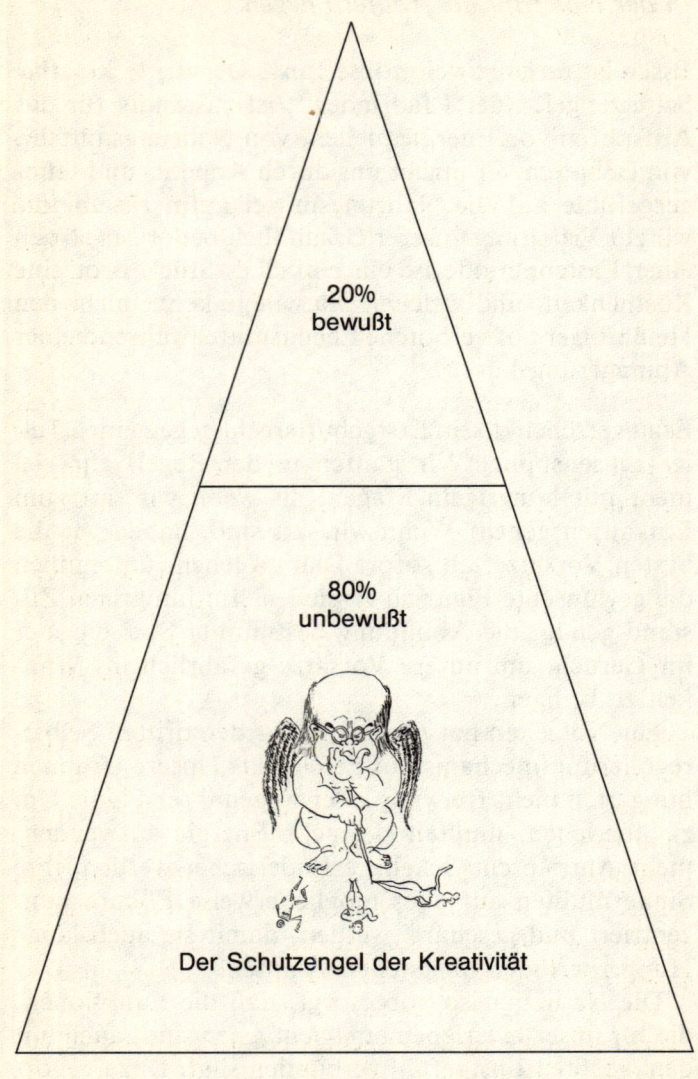

20%
bewußt

80%
unbewußt

Der Schutzengel der Kreativität

der Sex an erster Stelle aus Gründen der Arterhaltung, und an zweiter Stelle die Lust am Essen, um das Überleben zu sichern.

Der Pfadfinder in uns hilft uns, Eßbares eher zu erspähen, den Duft von Eßbarem intensiver und schneller zu erspüren, weniger wählerisch zu sein, und daher auch bei Hunger Nahrungsmittel in Betracht zu ziehen, die wir im Zustand der Sättigung oder der ausgewogenen Ernährung gar nicht bemerken und auch nicht essen würden. Heißhungeranfälle sind ein Signal dafür, wie stark die Energiebalance aus dem Gleichgewicht geraten ist, und oft endet die Kettenreaktion über Diäten und Abführmittel bei der Bulimie (dem sogenannten ,,Stierhunger'' mit anschließendem Erbrechen).

Je unausgewogener die Nahrungsmittelaufnahme wird, desto mehr sensibilisiert der kreative Schutzengel in uns Auge, Nase, Mund und Magen auf das Erspähen, den Duft und das Finden der in der Energieversorgung fehlenden Nahrungsmittel. Hinzu kommt, daß bei fortgesetztem Kohlehydratmangel der Überträgerstoff für Nervenimpulse (Serotonin) fehlt und damit unsere Stimmung immer schlechter wird.

Die depressive und nörgelige Stimmung jedoch läßt uns noch intensiver auf die Jagd nach Nahrungsmitteln gehen und noch erfindungsreicher suchen. Viele der ständig heißhungrigen Dätwilligen behaupten, daß sie sich in ihrer Haut selten wohl fühlen, da sehr viele ihrer Gedanken um verbotene Leckereien kreisen. Das geht manchmal so weit, daß sie gar nicht merken, wann sie ihr Schlankheitsziel erreicht oder schon überschritten haben. Ihr Blick ist nur auf einen Tatbestand gedrillt: Ist der Zeiger der Waage zurückgegangen?

Der Weg zur schlanken Figur führt nur über das Ernstnehmen und die angemessene Beeinflussung unserer drei Schutzengel zum Ziel.

Das Modell:
Der Eisberg mit den drei Schutzengeln

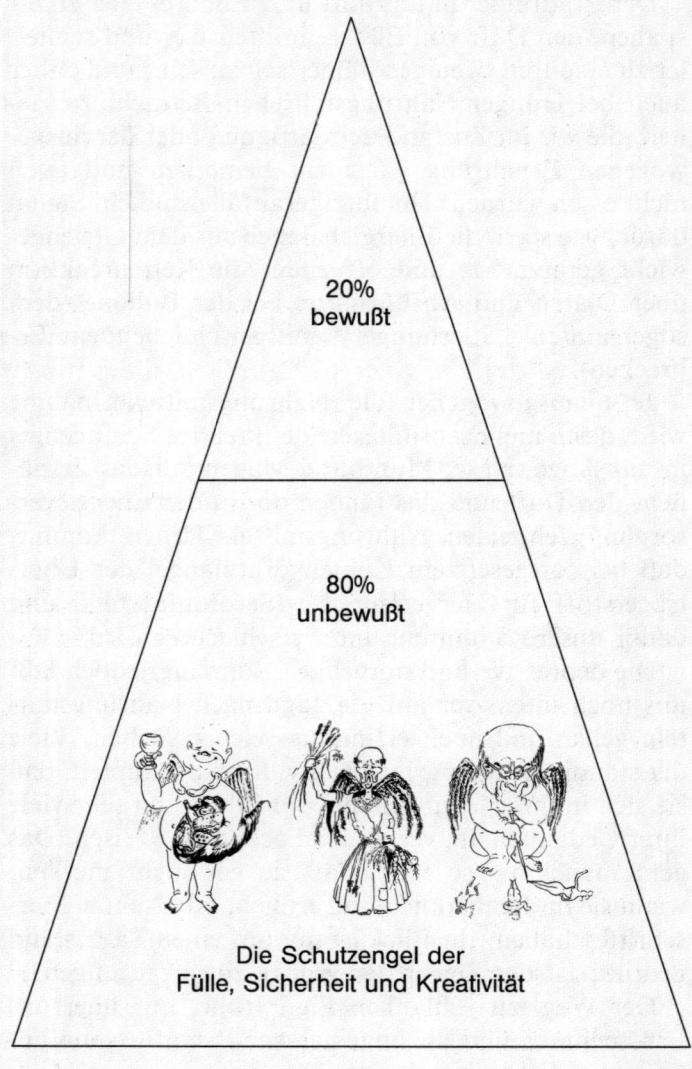

20%
bewußt

80%
unbewußt

Die Schutzengel der
Fülle, Sicherheit und Kreativität

V. Kapitel

Die Lösung: Schlankdenken statt schlankhungern!

1. Wie unser Energiehaushalt arbeitet

Wie läßt sich unser Energiehaushalt als Ganzes, als organischer Kreislauf, als sich immer in Balance befindlicher Selbstregulierungsmechanismus dazu bringen, Körperreserven so anzusetzen, daß sie unserer eigenen Figurvorstellung entsprechen? Oder sind Übergewicht und Figurformen durch Vererbung vorgegeben?

Gibt es gar eine Möglichkeit, unsere drei Schutzengel so zu beeinflussen, daß sie ihre Fähigkeit voll entfalten und unsere Gesundheit schützen, ohne daß wir Körperspeck ansetzen?

Das Zwischenglied zwischen dem Essen und der Figur sind die Anweisungen, die unseren Schutzengeln sagen, wieviel Fettdepots an welcher Stelle geschaffen werden sollen und wie ein Überschuß an Energie verwertet werden soll. Es gibt immer drei verschiedene Möglichkeiten der Überschußverwertung:

a) Umwandlung in Wärme
b) Ausscheiden von nicht benötigter Energie
c) Anlegen von Fettreserven im Körper

Nach welcher Anweisung sich unser Stoffwechsel richtet, das heißt, worauf unsere Schutzengel innerlich reagieren, ist das, was wir von frühester Kindheit an gehört, gesehen, gefühlt und verinnerlicht haben.

Wahrscheinlich wird uns schon im Mutterleib durch Zuspruch, später durch Vorbilder und Zuwendung mitgeteilt, wie wir später äußerlich aussehen sollen. Genau wie Spitzensportler ihre Fähigkeiten im Laufen, Springen, Werfen oder Turnen bewußt trainieren und die wichtigsten Bewegungen verinnerlichen, so trainieren wir — allerdings unbewußt — unser Eßverhalten und unsere Energieverwertung entsprechend unseren Vorbildern, sprich unseren Bezugspersonen.

Beim Sport geht es um Muskelabläufe, die das Gehirn lernen und so gestalten muß, daß die Körperbeherrschung absolut präzise und verläßlich ist. Beim Thema Schlankheit geht es um die Beeinflussung des Stoffwechsels. Die Verbindung stellen die Hormone her. Sowohl Muskelbeherrschung als auch Stoffwechsel sind hormonell über das Gehirn gesteuerte, unbewußte Prozesse. Mit unserer 20 prozentigen Bewußtheit sind wir heute in der Lage, physische Prozesse wie Blutdruck, Kreislauf, Magensäureproduktion und Stoffwechsel in Grenzen nach unseren Wünschen zu beeinflussen; allerdings muß man dazu die „Sprache des Unterbewußtseins" beherrschen.

2. Die Lust am Essen

Sie ist nicht Ursache, sondern Wirkung einer verinnerlichten Vorstellung von der eigenen Figur.

Schlank werden kann man nur, wenn die innere Überzeugung, die innere Vorstellung das zuläßt!

Ebenso kann man nur dann Übergewicht ansetzen, wenn der innere „Figurfilm" das vorsieht!

Sich innerlich schlank zu sehen und zu fühlen statt sich schlank zu hungern, ist die Lösung des Figurproblems. Die herrschende Diätlehre jedoch vertauscht Ursache und Wirkung.

Barbara Bush, die Gattin des US-Präsidenten, die oft auf Empfängen von Journalisten auf ihre Figur angesprochen wird, sagte einmal: „Lassen Sie mich in Ruhe essen, ich muß meine Figur erhalten!" Unbewußt wahrscheinlich wird hier Ursache und Wirkung in der richtigen Reihenfolge angesprochen!

Unsere inneren, unbewußten Vorstellungen — vergleichbar mit Videos, die innerlich ablaufen — bestimmen, wieviel wir essen, wie wir essen und wie wir die Nahrung verwerten.

Sie legen fest,

- wie der Körper aussehen soll. Werden überhaupt Depots bei einem Zuviel an Nahrung angelegt, und wenn ja — wo? Bei manchen sind Bauch und Gesäß bevorzugte Regionen für Fettdepots, bei anderen wird die Fettschicht gleichmäßig über den Körper verteilt;

- wie hoch die Energieausbeute der Nahrungsmittel ist. Sind Sie ein sogenannter guter Futterverwerter oder ein schlechter?

- wieviel Energie im Ruhezustand (Grundumsatz) und bei verschiedenen Aktivitäten (Arbeitsumsatz) benötigt wird. Dem einen verschlägt es bei Liebeskummer den Appetit, der andere wird erst richtig hungrig!

Diese inneren Videofilme oder Konstruktionspläne hat man in der Forschung häufig nachgewiesen und als „Setpoint" bezeichnet. So meinen die amerikanischen Gesundheitsexperten William Bennett und Joel Guring: „Jeder Mensch besitzt ein für ihn typisches Normalgewicht und lebt mit einem vom Gehirn gesteuerten Auftrag an den Körper, wieviel Fett er an welcher Stelle speichern soll."

Die Diplompsychologin Cora Besser-Siegmund, die sich mit ihrem Buch „Easy weight" intensiv mit der Fähigkeit zum Idealgewicht beschäftigt, hat diesen inneren Konstruktionsplan als Gravistat bezeichnet, also als eine innere Instanz, die wie ein Thermostat die einmal vorbestimmte Soll-Energie durch automatisches Ein- und Ausschalten von Hunger- und Sattheitsgefühlen herstellt. Der Setpoint beschreibt das Phänomen, daß jeder Mensch nach einer bestimmten Zeit sein altes Gewicht wieder erreicht, nicht weniger und nicht mehr, und interessanterweise kann jeder diesen Setpoint einhalten, auch ohne zu verzichten.

Das macht auch der folgende Versuch deutlich: In einem Gefängnis durften Häftlinge, die nicht zu Übergewicht neigten, so viel essen wie sie wollten. Alle langten kräftig zu und hatten in wenigen Wochen bis zu 30 Prozent ihres sonstigen Gewichtes zugelegt. Ein normaler Effekt, wenn man unsere Ur-Programme der Schutzengel bedenkt! Nicht so normal war allerdings, daß keiner von ihnen dick blieb, sondern schon nach sechs Wochen wieder sein altes Gewicht erreichte. Die US-Wissenschaftler, die diesen Versuch durchführten, errechneten, daß jeder dieser Häftlinge nur dann sein Übergewicht behalten hätte, wenn er täglich mindestens 7 000 Kalorien zu sich genommen hätte — eine Menge, die keine der Versuchspersonen hätte verzehren können.

Die Verbindung zwischen der im Unterbewußtsein selbstregulierend ablaufenden Energieversorgung und unserem Bewußtsein sind unsere Hunger- und Sättigungsgefühle, und das ist zugleich die Sprache unserer Schutzengel. Die Fähigkeit zur Schlankheit setzt voraus, diese Hunger- und Sättigungsgefühle daher als Bindeglied zwischen dem eigenen Wunschbild und unseren unbewußten Kräften zu akzeptieren und sehr genau auf sie zu reagieren.

VI. Kapitel

Die Sprache unseres Unterbewußtseins

1. Die innere Tonbildschau

Wie kommen unser inneres Figurprogramm und die Anweisungen an unsere drei Schutzengel zustande? Und wie verändert man sie? Ansprechbar sind unsere unbewußt ablaufenden Energieprogramme über unsere fünf Sinne, wovon Sehen, Hören und Fühlen für uns hier die wichtigsten sind!

Innere Bilder, Gespräche, Gefühle, Geschmack und Geruch bilden sozusagen die innere Tonfilmschau, der Videofilm, nach dem sich unsere unbewußten Kräfte bei der Energieaufnahme und -verwertung richten. Diese Videobänder sind gerade im Hinblick auf das Essen sehr früh durch unsere Bezugspersonen hergestellt worden. Wir haben das verinnerlicht, was unsere Vorbilder oder unsere Bezugspersonen uns vorlebten.

Im Laufe unseres Lebens verändern sich aber diese Figurfilme entsprechend der Änderung unserer Lebensumstände.

Entdecken Sie einmal spielerisch, durch welche Bilder, Ansprachen und durch welche Zuwendung Sie sich immer wieder neu für Ihre jetzige Figur entschließen, denn: ,,Die Meisterung des Lebens beginnt mit dem Augenblick, in dem wir selbst und nicht der Zufall unser Unterbewußtsein programmieren.'' – so der bekannte Erfolgspsychologe Nikolaus Enkelmann.

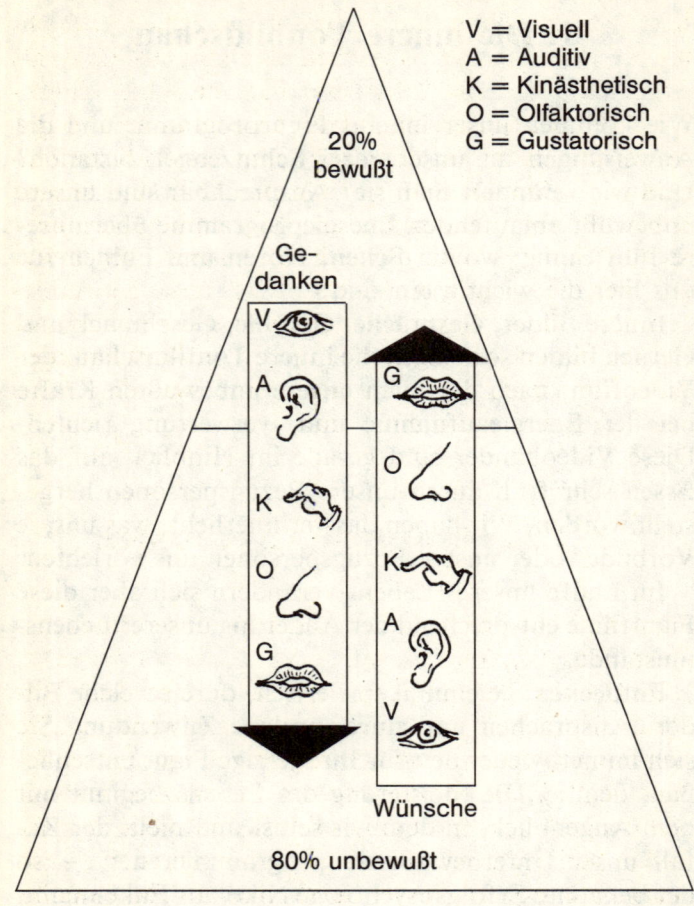

Der Eisberg:
Gedanken und Wünsche sind die Kommunikation zwischen Bewußtsein und Unterbewußtsein

V = Visuell
A = Auditiv
K = Kinästhetisch
O = Olfaktorisch
G = Gustatorisch

20%
bewußt

Ge-
danken

V
A
K
O
G

G
O
K
A
V

Wünsche

80% unbewußt

2. Bilder und Vorbilder

Machen Sie es sich bequem und erinnern Sie sich: Welche Bilder sind Ihnen in Bezug auf Ihre eigenen Figurvorstellungen aus frühester Kindheit bekannt? Ist es Ihnen auch so gegangen, daß das Gesicht Ihrer Mutter oder Ihres Vaters, je nachdem, ob Sie zugenommen oder abgenommen hatten, fröhlich und aufmunternd aussah oder traurig und verstimmt? Welche Geschichten hat man über Ihr Aussehen als Baby, als Kind, als Jugendlicher erzählt? In einer harmonischen Eltern-Kind-Beziehung ist die äußere Erscheinung der Bezugsperson das Bild, das dem Baby und dessen Schutzengeln zeigt: So muß die Figur aussehen! Kinder, die sich beispielsweise von Anfang an weigern, zu essen oder spindeldürr bleiben, obwohl die Eltern eher etwas rundlich sind, handeln wahrscheinlich aus einem anderen Antrieb, und der Schutzengel der Kreativität ist hier äußerst eingespannt: Sie versuchen Aufmerksamkeit zu erregen, indem sie genau das, was die Eltern von ihnen erwarten, nicht tun.

3. Zusprüche und Anweisungen

Zu den sichtbaren Vorbildern kommen die elterlichen Zusprüche;: ,,Du bist ein guter Futterverwerter!'', ,,Du kommst ganz nach deinem Vater, er ist auch sehr stattlich!''; ,,Wir alle in der Familie sind rund!''; ,,Du bist ein echter . . . und genauso rund wie alle in der Familie!''. Dazu kommen weitere *Aufträge*, wie etwa: ,,Nur rund ist gemütlich, schlank ist zickig!'' oder ,,Man sollte die Nerven in Fett polstern, dann kann man die Probleme besser durchstehen!''. Mündlicher Zuspruch ist bei Kleinkindern ein wichtiger Bestandteil der Figurentwicklung! Ob man ein ,,guter Esser'' oder ein ,,Suppenkasper'' ist – es sind die gutgemeinten Ratschläge der Familien, die die Figur bestimmen.

„Guter Esser" oder „Suppenkasper"?

4. Zuwendung und Streicheleinheiten

Wenn ein Baby zugenommen hat, geht mit dem fröhlichen Gesicht und der Anerkennung in der Stimme die körperliche Zuwendung einher, denn das Baby wird eher gestreichelt und liebkost, wenn es genau den inneren Figurvorstellungen der Eltern entspricht.

Das Eßverhalten ist die Folge, nicht die Ursache für eine bestimmte Figur.

Unsere drei Schutzengel verhalten sich entsprechend unseren sehr früh erlernten Figurprogrammen, also den inneren Figurvideos. Diese Videos bestimmen, wie und wieviel wir essen und wie wir die Nahrung verwerten. Dieses Phänomen erklärt auch der schon beschriebene „Setpoint". Durch die moderne Gehirnforschung, insbesondere durch das Neurolinguistische Programmieren, weiß man, daß dieses Setpoint-Gewicht von unseren inneren Figurvideos bestimmt wird und daher auch verändert werden kann!

Was dieses Buch bietet, ist die Fähigkeit, neue Figurvideos zu kreieren, sie zu verinnerlichen, sie also auch den Schutzengeln in ansprechender Form mitzuteilen, um damit die Fähigkeit zur schlanken Figur schrittweise zu erlernen und spielerisch schlank zu werden!

Alternativ möchte ich Sie auffordern, sich bewußt zu machen, daß die Schlankheitsnorm eine sehr künstliche, von unserer Gesellschaftsordnung als Wertvorstellung hervorgebrachte Norm ist, der man sich keineswegs unbedingt unterwerfen muß. Aber auch dann hat man genug Alternativen, um attraktiv zu wirken.

Die Lösung

Seien Sie der Regisseur Ihres Lebensfilmes, sei es durch die Schaffung eigener Schlankheitsvideos oder durch die Kenntnis und die Beachtung der Bausteine zur äußeren Attraktivität in Teil II und Teil III dieses Buches.

VII. Kapitel
Warum ausgerechnet schlank?

1. Schlank = attraktiv + selbstbewußt + gesund?

Warum wollen Sie schlank werden? Auf diese Frage ernte ich gewöhnlich von meinen Teilnehmern nur empörte Blicke! Das weiß doch jeder: Gewicht bringt nur Nachteile; man bekommt nichts Schickes zum Anziehen; man wird bestaunt und begafft; Diskotheken gehen sogar dazu über, Übergewichtige als Attraktion vorzuführen! Übergewichtige werden häufiger zum Sündenbock gemacht; sie stoßen oftmals auf weniger Respekt bei ihren Mitmenschen.

Schlank signalisiert bei uns: sportlich, dynamisch, aktiv, einfach fähig!

Dick signalisiert aber auch einiges: gemütlich, handfest, verständnisvoll, rundherum gute Laune ausstrahlend, einnehmend!

Es scheint drei Gründe für unsere Versessenheit auf die schlanke Linie zu geben:

schlank = attraktiv

schlank = selbstbewußt

schlank = gesund

2. Schlank = attraktiv?

Eines ist deutlich: In unserer westlichen Welt des Überflusses haben wir uns eine Norm für äußere Attraktivität gewählt, die den innewohnenden Selbstregulierungskräften unseres Energiehaushaltes widerspricht. Das hat in vielen Kulturen Parallelen. Die verkrüppelten Füße der Chinesinnen, die weiße Haut der privilegierten Südamerikanerinnen, die überlangen Nägel am kleinen Finger der Machthaber in Afrika signalisieren alle das Gleiche: Wir sind die Ausnahme. Wir können es uns leisten — wie die Chinesinnen — nicht zu laufen, denn wir werden getragen. Wir können es uns leisten, im Schatten zu sitzen, denn wir brauchen nicht auf den Feldern zu arbeiten, und wir können es uns leisten, unsere Finger zu maniküren, denn wir brauchen nirgendwo Hand anzulegen. Das Ideal ist, das Unmögliche möglich zu machen: Körperspeck bei Hungersnöten und Untergewicht in Zeiten des Überflusses.

Heute kann man es sich leisten, schlank zu sein, weil man genug in Fitneß und eine schlanke Figur investieren kann. Es scheint so zu sein, daß unser westliches Schönheitsideal der superschlanken Mannequinfiguren auf die Wirkung der ersten Fotomodelle und Mannequins zurückgeht. Wie Sondra Ray schreibt, „erregten ihre Körper schließlich mehr Aufmerksamkeit als ihre Kleider". Um diesem Problem ein Ende zu bereiten, wählte man sehr schlanke, sogar dünne Frauen als Mannequins aus. Ihnen gelang es, die Aufmerksamkeit der Betrachter mehr auf die Kleider als auf die Körper darunter zu lenken. Als Ergebnis davon wurde der Körper dieses Frauentyps von einst, der eigentlich nicht beachtet werden sollte, zum Ideal unserer Tage!

Das Unmögliche ist das Ideal!

Wann ist jemand attraktiv? Nur wenn er der Norm entspricht? Dann müßte jede Kleiderpuppe, die der Schlankheitsnorm entspricht, in der Attraktivitätsskala ganz oben stehen! Wie oft sprechen wir von „kalter Schönheit" oder „toter Schönheit"? Bestimmte Proportionen wirken für sich allein noch nicht attraktiv.

Eine große Tageszeitung brachte vor einiger Zeit die Bilder der zehn schönsten Frauen der Welt. Sie entsprachen keineswegs der Norm, sechs von ihnen waren über 50, und unter jedem Bild war eine Bemerkung, in welcher Weise die betreffende Weltschönheit nicht den Idealvorstellungen entspricht. Attraktiv zu sein heißt anziehend zu sein, und es stellt sich die Frage: Wann ist man anziehend? Alles zieht mich an, was mich innerlich zum Schwingen bringt, was in mir etwas zum Klingen bringt, was ich an mir schätze! Es kann eine Norm sein wie die äußere Schönheit, das heißt eine bestimmte Proportioniertheit! Neuerdings weiß man, warum wir uns genau zu denjenigen hingezogen fühlen, die genauso sind wie wir selbst. Diese sogenannte soziale Synchronisation kann sich in der äußeren Erscheinung („Gleiche Brüder, gleiche Kappen!"), in der gleichen Sprache, in der gleichen Körperhaltung, im gleichen Atemrhythmus, in der gleichen Tonlage widerspiegeln!

Schlankheit ist nur eine Möglichkeit, attraktiv zu sein, und zwar nur bei visuellen Mitmenschen, die sich bildhaft in ihrer Umwelt orientieren. Immer da, wo andere Sinneswahrnehmungen wie das Sprechen oder Fühlen einbezogen sind, haben Sie die gleiche Möglichkeit wie alle Normalgewichtigen, anziehend zu sein! Wenn es nur um die Attraktivität geht, so verweise ich auf Teil II und Teil III mit 101 Schönheitstips. In Teil II geht es um Tips und Tricks, wie man durch Accessoires seine Attraktivität steigern kann, und in Teil III geht es um die Fähigkeit, andere in seinen

Bann zu ziehen, denn das ist die wahre Bedeutung von Attraktivität.

3. Schlank = selbstbewußt?

,,Seitdem ich in die Breite gegangen bin, ist mein Selbstvertrauen im Keller! Als ich noch schlanker war, fühlte ich mich innerlich viel besser und selbstbewußter!" Viele Frauen mit Gewichtsproblemen vernachlässigen nicht nur ihr Äußeres, sondern lassen jeden anderen, der schlanker ist, über ihr Aussehen urteilen. In vielen Familien ist das Gewicht der Ehefrau, der Mutter oder der Tochter die Begründung dafür, warum man jemanden schlecht behandeln darf, warum sie mehr arbeiten müssen, warum sie eigentlich immer und an allem schuld sind!

Hier hängt die eigene Identität von der Figur ab: ,,Ich bin wertvoll, wenn ich schlank bin, wenn ich der Norm entspreche! Ich bin wertlos, wenn das nicht der Fall ist. Ich habe kein Recht fröhlich und glücklich zu sein und mich hübsch und attraktiv zu machen, wenn ich nicht der gesellschaftlichen Norm entspreche!" Eine 42jährige Berlinerin schob beispielsweise den Kauf eines dringend benötigten neuen Wintermantels acht Jahre lang hinaus, in der Hoffnung, eines Tages ein wirklich schickes Traummodell anziehen zu können! Dies ist die tiefste Beeinträchtigung durch unsere westliche Schlankheitsnorm. Es gibt weitere Denkweisen, die ebenfalls am Selbstvertrauen zehren, wo aber eher Abhilfe möglich ist. Drei Aussagen machen diese Gedanken deutlich:

– ,,Ich möchte so gern schlank werden; allein der Glaube daran, daß ich es schaffen kann, fehlt mir."

Sehr oft kann die genaue Information darüber, wie jeder schlank werden kann, diesen Glauben in eine neue Hoffnung verwandeln. Gerade für Sie, die Sie den Glauben an Ihre Fähigkeit, die Regeln des Schlankwerdens zu lernen, bereits verloren haben, habe ich dieses Buch geschrieben.

— „In meiner schlanken Zeit ging es mir schlechter als mit meinem Übergewicht!"

Diese Aussage gilt für alle, die mit allen Mitteln schlank werden wollen, ohne die Konsequenzen ihrer neuen Figur einzuplanen. Vielleicht haben Sie Lust, mit dem Kapitel „Vom Wunsch zum Ziel" zu beginnen, um genau festzustellen, welche Fähigkeiten Sie auf dem Weg zu Ihrer Wunschfigur stärken müssen.

— „Ich wäre gern schlank — aber ich habe es aufgegeben, weil ich diese Kalorienzählerei nicht aushalte. Außerdem ist mir der Streß, mich immer anders als meine Familie zu ernähren, einfach zu groß."

Hier geht es um Verhaltensweisen, die anscheinend zur Fähigkeit des Schlankseins gehören.

Für Sie schrieb ich die Einführungskapitel über unsere Schutzengel, die bei Diäten völlig durcheinander geraten und die durch eine gezielte Ansprache für unsere Pläne gewonnen werden können, und dann unsere Schlankheitspläne ohne Rücksicht auf Kalorientabellen unterstützen und uns helfen, sie zu realisieren.

Zu der Fähigkeit des Schlankwerdens und Schlankbleibens gehören ganz spezifische Verhaltensweisen, die nichts mit Verzicht und Hungern zu tun haben.

So hören viele auf ihre innere Stimme — was dazu führt, daß sie manchmal gar nichts essen, und manchmal ganz ausgefallene Sachen wie Schokolade!

„Die Welt hat ein Problem: Mein Gewicht ist ihnen (gemeint sind die Journalisten) zu hoch. Na und?"

Dieser Satz wird Marianne Sägebrecht zugeschrieben, die seit ihren Filmen „Sugar Baby" und „Out of Rosenheim" in allen Interviews auf ihr Gewicht angesprochen wird. Die Norm ihrer Mitmenschen verträgt sich eben nicht mit ihren eigenen Wünschen. Sie bezieht sich dabei auf das Paradies, wo Elefant und Gazelle friedlich nebeneinander grasen und leben können, wo keiner den Leibesumfang des anderen kritisiert.

Marianne Sägebrecht ärgert sich über die Journalisten, weil diese nur an ihr Gewicht denken und behaupten, sie müsse 20 kg abnehmen. Der Gedanke daran läßt sie zu recht wütend werden. Ist es doch die Leistung, die ins „Gewicht" fällt und nicht das Körpergewicht.

4. Schlank = gesund?

Schlanke sind gesünder. Stimmt das? Garantiert das Idealgewicht auch die Idealgesundheit, oder leben Mollige gesünder? Genauere Nachforschungen und neuere Untersuchungen weisen darauf hin, daß der sogenannte Brocka-Index (Normalgewicht in kg = Körperlänge in cm minus 100; das Idealgewicht liegt dann zehn bis 15 Prozent unter dem Normalgewicht) wenig mit Gesundheit, viel aber mit einer gesellschaftlichen Normvorstellung zu tun hat. In der Wissenschaft gehen mittlerweile die Lehrmeinungen darüber, wieviel Prozent Übergewicht noch unschädlich sind, weit auseinander. Sie reichen von zehn bis circa 20 Prozent. Das sind bei einer Größe von 1,75 m rund 14 kg.

Die Aussage, Übergewichtigkeit sei per se ein Gesundheitsrisiko, geht vor allen Dingen auf die US-Forschung vor einigen Jahrzehnten zurück, die nachweislich von Lebensversicherungsunternehmen initiiert wurde. Heute zweifelt man an der Objektivität dieser Erhebungen. Weitere Forschungen zeigen, daß Mollige weniger infarktgefährdet sind. Freudlose Disziplin ist demnach gesundheitsschädigender als genußvolle Fröhlichkeit!

Ich möchte das Gesundheitsthema beim Übergewicht nicht verharmlosen, glaube aber, daß Übergewicht und Gesundheit verschiedene Symptome sind, die manchmal die gleichen Ursachen haben können. In den Fällen, in denen das Übergewicht die Gesundheit gefährdet (Durchblutungsstörungen, Atemnot, Stoffwechselkrankheiten), ist eine Diät bestimmt nicht die richtige Lösung. Die Energiebalance kommt durch Diäten nur noch mehr aus dem Tritt! Gerade in diesen Fällen ist es wichtig, die gesamte Energiebalance auf ein anderes Niveau zu senken.

Ein neues Gleichgewicht muß bewußt geplant und im Einklang mit den unbewußten Kräften durch Mentalmethoden realisiert werden. Eines ist wichtig: Unsere drei Urkräfte sind auf Übergewicht und Fettdepots geeicht, und nur dadurch, daß wir mit ihnen in Kontakt treten und sie für unsere bewußt gewählten Pläne gewinnen, läßt sich das Wunschgewicht erreichen und dauerhaft halten.

5. Schlank ohne Diät durch die 3-A-Methode

Ich habe dieses Buch der Übersichtlichkeit halber in drei Teile gegliedert:

Teil I

Dieser Abschnitt enthält die Spielregeln der schlanken Figur, die sogenannten drei A:

Insgesamt geht es um die Fähigkeit, schlank zu werden und für immer schlank zu bleiben, ohne Kalorien zählen zu müssen. Eine Hilfe ist die 3-A-Methode, die ich seit vielen Jahren in der Praxis meiner Seminare erfolgreich einsetze.

Und das bedeuten die drei A:

1. Analyse

Am Anfang stehen Ihre Wünsche und Sehnsüchte. Was sind Ihre sehnlichsten Figurwünsche, und was würden Sie tun, um sie zu realisieren? Was bedeutet diese neue Figur für Ihr Leben?

Es geht also um den Ausgangszustand, Ihre Wünsche, Ihre Ziele und alles was Sie unternehmen werden, um mit Ihrer neuen Figur glücklich zu sein.

2. Ansprache

Hier geht es um die Fähigkeit, die Sprache des Unterbewußtseins zu sprechen, so daß Ihre Schutzengel Sie genau richtig verstehen; wie Sie sich mit Ihren unbewußten Kräften verbünden und sich von ihnen helfen lassen können, um das zu erreichen, was Sie sich sehnlichst wünschen. Hier geht es auch darum, wie Ihre Wünsche Gestalt annehmen, und wie Sie sich mit allen Kräften innerlich vorstellen, Sie hätten Ihre schlanke Figur schon erreicht.

3. Animation

Begeisterung und Freude sind hervorragende Schubkräfte! Mit Animation ist die Fähigkeit gemeint, sich innerlich für das Ziel Ihrer neuen Figur durch und durch zu begeistern. Außerdem gibt es Hilfen, die kurzfristig wirken, wenn die alten Bilder, Zusprüche und Anweisungen in Ausnahmesituationen weiterhin Ihr Verhalten und damit Ihre Figur bestimmen.

Ab sofort essen Sie entsprechend Ihrer neu gewählten Idealfigur. Ihre Hunger- und Sättigungsgefühle leiten Sie! Sie werden sie immer besser wahrnehmen und sich auf Ihre Schutzengel verlassen!

Es kann sein, daß Sie diese Fähigkeiten nicht lernen wollen, dann gehen Sie bitte zu Teil II und Teil III dieses Buches über.

Teil II

Die Modemacher haben viele Tips und Möglichkeiten parat, um auch die Frau ab Größe 44 attraktiv zu machen.

Teil III

Attraktivitätstip Nr. 101:
Setzen Sie Ihre vorhandenen Fähigkeiten, anziehend zu sein, ein. Probieren Sie aus, welche der vielen Möglichkeiten Kontakte schnell und nachhaltig aufzubauen, Ihnen am meisten zusagt.

VIII. Kapitel
Phase 1: Die Analyse

1. Vom Wunsch zum Ziel

99 Prozent von 3 300 in den USA befragten Frauen sind mit ihrer Figur nicht zufrieden. 75 Prozent davon fanden sich zu dick. Allein 64 Prozent der Befragten meinten, sie hätten zuviel Speck am Bauch! Gerade *ein Prozent* der Befragten war mit der eigenen Figur zufrieden!

Das Geheimnis liegt darin, Wünsche zu Zielen werden zu lassen! Nun klingt das Wort „Ziele" sehr geschäftsmäßig. Man könnte zuerst an Umsatzziele, Verkaufsziele, Produktivitätsziele oder Mitarbeiterziele denken. Der Zielbegriff hat jedoch einen besonderen Vorteil: Bezeichnet wird ein Endzustand, den man erreichen will und den man auch nachmessen und damit überprüfen kann. Darin unterscheiden sich Ziele und Wünsche. Wünsche sind Richtungen, Ziele sind die konkreten, meßbaren Endergebnisse.

Der Verdacht liegt nahe, die hohe Zahl der mit ihrer Figur Unzufriedenen hänge damit zusammen, daß sich die meisten kein konkretes Ziel setzen und nur weniger wiegen wollen.

Warum genügt es nicht, sich nur zu wünschen, schlank zu werden? Die Sprache ist uns hier eine große Hilfe. Wünsche sind wunderbar, sie können uns innerlich begeistern, aber regen sie auch zu konkreten Taten an? Das tun nur Ziele.

Typisch ist eine Bemerkung, die ich sehr oft gehört habe. Ingeborg, eine Lehrerin, die sich nach eigener

Aussage 30 Jahre lang über Ihr Gewicht Sorgen gemacht hat, bestätigte das, nachdem sie das Konzept dieses Buches kennengelernt hatte: „Als ich 70 kg wog, fühlte ich mich schon dick. Jetzt, bei 93 kg, habe ich die Orientierung verloren. Ist das schon das Ende, oder könnte ich noch dicker werden?"

Ebenso wie ein Pilot im Flugzeug eine Orientierung, einen Zielflughafen braucht, brauchen unser Bewußtsein, unser Unterbewußtsein und auch unsere drei Schutzengel, ein überprüfbares, ein konkretes Ziel.

Der weitere Vorteil einer genau meßbaren Zielbestimmung ist die systematische Bestandsaufnahme, denn ein Ziel bezieht sich immer auf einen Standort! Ohne Ziele könnte es Ihnen vielleicht ergehen wie dem als Schönheit bezeichneten Weltstar Catherine Deneuve, die gesagt haben soll, daß sie nicht verstehen würde, was die Leute an ihr sehen.

Neu ist nach den Erkenntnissen der Gehirnforschung, daß das Ziel sowohl für das Bewußtsein – also im Eisberg unsere 20 Prozent Bewußtheit – als auch für das Unterbewußtsein meßbar und überprüfbar sein muß. Die erste Hürde bei der Fähigkeit zur Schlankheit heißt:
Welche Wünsche haben Sie in bezug auf Ihre Figur? Vielleicht nehmen Sie sich fünf Minuten Zeit und schreiben Ihre Wünsche auf, so wie Sie Ihnen in den Sinn kommen.

Meine Wünsche an meine Figur:

1. _____

2. _____

3. _____

4. _____

Seit vielen Jahren sammle ich Figurwünsche, hier sind einige davon:

- Wie werde ich schlank ohne Streß?
- Wie werde ich mühelos schlank?
- Wie mobilisiere ich meinen Willen zum Abnehmen?
- Ich möchte mich von der zwanghaften Fixierung auf meinen Körper befreien.
- Wie lerne ich, meinen Körper anzunehmen?
- Wie kann ich besser zu meinem Körper stehen?
- Ich will lernen, mich so anzunehmen, wie ich gerade bin.
- Ich will mich in meinem Körper wohlfühlen.
- Wie verschaffe ich mir innerlich mehr Gewicht?
- Ich wünsche mir Zufriedenheit mit mir und meinem Gewicht, auch in der Beziehung zum Partner.
- Wie werde ich schlank und zugleich liebevoller im Umgang mit mir selbst?

Viele Übergewichtige haben sich jahrelang mit solchen Wünschen das Leben vermiest, weil ein wichtiger nächster Schritt fehlte, um Wünsche in Ziele umzugestalten und die notwendigen Maßnahmen zur Realisierung dieser Ziele folgen zu lassen. Das Bild der Laokoongruppe – alle Wünsche und Glaubenssätze sind eng miteinander verwoben – ist ein passendes Symbol dafür, wie schwierig der Anfang ist!

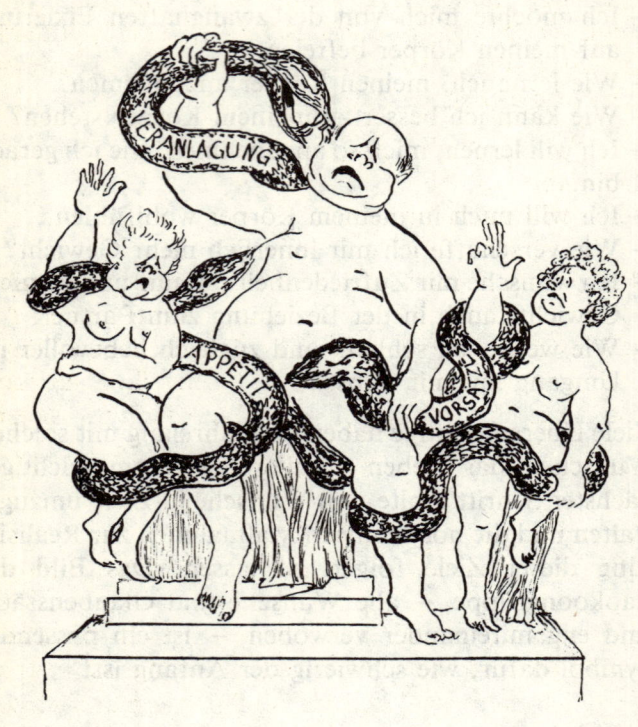

Die Laokoongruppe: Wo anfangen?

2. Ihr Ziel: Wie soll die neue Figur aussehen?

Ein Ziel ist etwas, das erreicht werden soll, sozusagen ein Endzustand. Dieser Endzustand muß von jedem, der unsere Maßstäbe und unsere Meßverfahren kennt, eindeutig überprüft werden können. Dafür müssen drei Kerngrößen festgelegt werden:

Zielinhalt:
Was soll erreicht werden?

Hier ist der Endzustand, das Endverhalten gemeint. Bei der schlanken Figur kann es darum gehen, daß man als Zielinhalt die äußere Erscheinung nimmt; man kann aber auch ein Verhalten als Zielinhalt nehmen, also beispielsweise fröhlicher zu werden, zufriedener zu sein, sich selber so zu akzeptieren, wie man ist.

Zielausmaß:
Wieviel wollen Sie minimal und maximal erreichen?

Hier geht es um die Ausgestaltung des angestrebten Endzustandes: Wenn es um die schlanke Figur geht, stellt sich die Frage, um wieviel Pfunde man sich verändern will, welche Kleidergröße man erreichen will, also etwa von der Kleidergröße 48 auf die Größe 42.

Wenn es um Zufriedenheit mit der Figur geht, stellt sich hier die Frage nach dem Maß, an dem Sie Zufriedenheit messen.

Waren Sie schon einmal zufrieden? Wie haben Sie das festgestellt?

Ganz sicher gibt es ein körperliches Zeichen, das Ihnen sagt: ,,So ist es gut, so bin ich zufrieden!''

Eigene Zielbildung

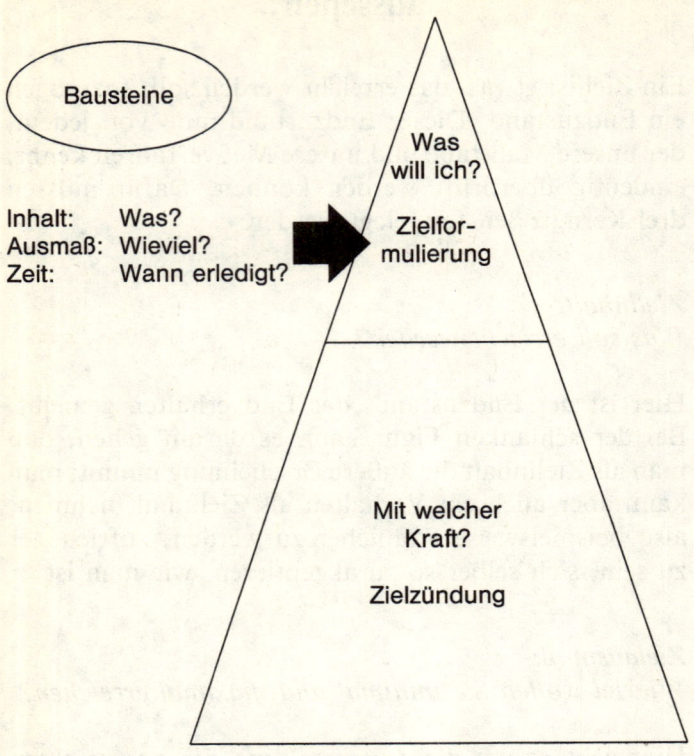

Bausteine

Inhalt: Was?
Ausmaß: Wieviel?
Zeit: Wann erledigt?

Was will ich?

Zielformulierung

Mit welcher Kraft?

Zielzündung

Zielzeit/Zieldauer:
Wann soll der angestrebte Endzustand erreicht sein?

Von Zeit zu Zeit müssen Sie den Weg zu Ihrem Ziel überprüfen können und Anhaltspunkte dafür finden, ob Sie die richtigen Maßnahmen ergriffen haben.

Diese Zeitvorstellung bedeutet, daß Sie auch von Zeit zu Zeit überprüfen müssen, wie weit Sie auf dem Wege zu Ihrer Wunschfigur gekommen sind, und daß Sie auf diesem Wege immer überprüfen können, ob

72

Eigene Zielbildung

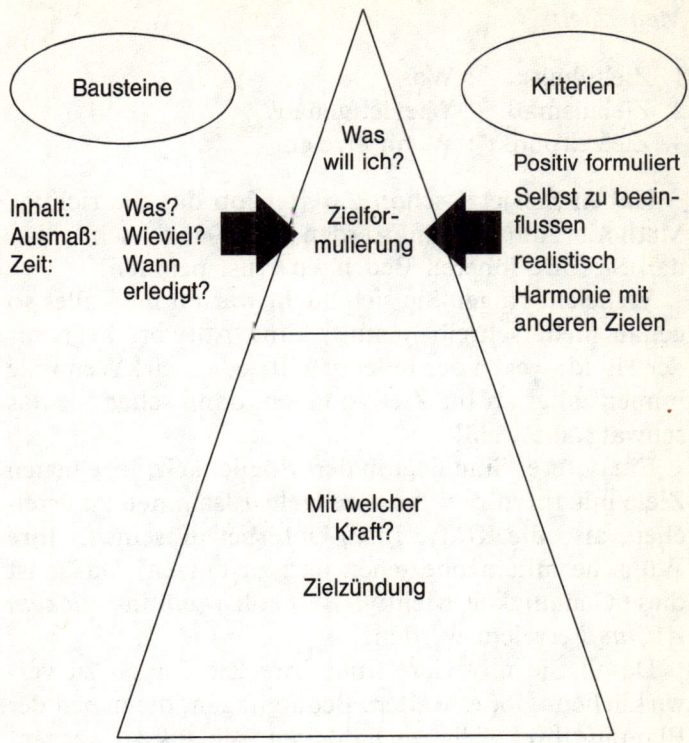

sich das Erlernen dieser neuen Fähigkeit, schlank zu werden, lohnt.

Vielleicht gelingt es Ihnen jetzt schon, aus Ihren Wünschen Ziele zu formulieren?

Hier ein Beispiel:

1. Zielinhalt   : Schlank werden, ohne zu hungern!
2. Zielausmaß   : Kleidergröße 42 paßt gut!
3. Zielzeitpunkt : Am 31. 12. des Jahres . . . paßt
                        mir die Kleidergröße 42!

Das allgemeine Schema hierfür lautet:

Mein Ziel:

1. Zielinhalt   : Was?
2. Zielausmaß   : Wieviel genau?
3. Zielzeitpunkt : Wann erreicht?

Haben Sie jetzt schon Zweifel, ob das die richtige Methode zum Schlankwerden ist? Ganz wichtig ist, daß Sie Ihre inneren Bedenken ernst nehmen!

Vielleicht fragen Sie sich auch, warum man alles so genau niederschreiben muß? Eine Antwort liegt auf der Hand: wegen der inneren Zufriedenheit! Wenn Sie immer näher an Ihr Ziel kommen, dann sehen Sie das schwarz auf weiß!

Ein tieferer Sinn liegt in der Möglichkeit, Ihre neuen Ziele mit Ihren drei Schutzengeln zusammen zu erreichen, also die Kräfte Ihres Unterbewußtseins in Ihre Wünsche miteinzubeziehen und zu nutzen! Dafür ist diese Genauigkeit wichtig: *Was* soll *wann* in *welchem Ausmaß* erreicht werden!

Damit Sie motiviert sind, Ihre Ziele auch zu verwirklichen, gibt es weitere Bedingungen, die neben der Planung Ihres Ziels zur Fähigkeit, schlank zu werden, dazu gehören.

3. Ich weiß nur, was ich nicht will!

,,Haben Sie sich auch entschieden, niemals dick zu werden?''

Die berühmte Reklame einer Margarinefirma erweckt den Eindruck, als ob es sich um ein Ziel handelt.

Der Ausspruch allein tut es nicht, denn wenn man sich entschließt, etwas *nicht* zu wollen, entschließt man sich noch lange nicht *für* etwas – und nur das ist meßbar.

Hier geht es vor allen Dingen um die positive Zielformulierung. Sie hat zwei Auswirkungen:

Einmal auf der bewußten Ebene:

Dort lassen sich nur Ziele messen und kontrollieren, die positiv formuliert sind. Also statt „Nie mehr dick!" heißt die Zielaussage jetzt: „In den nächsten zwanzig Jahren kann ich jedes Kleidungsstück der Größe 42 tragen."

Zum anderen auf der unbewußten Ebene:

Die berühmte Aufforderung „Stellen Sie sich *nicht* den Eiffelturm vor!" macht diese Problematik deutlich. Um dieser Aufforderung folgen zu können, müssen Sie sich zuerst ganz kurz den Eiffelturm vorstellen und damit gerade das tun, was Sie nicht sollen. Hier liegt die Wurzel des sogenannten positiven Denkens. Murphy und viele andere Autoren nach ihm haben sich mit dieser Art des Denkens beschäftigt und in vielen Beispielen ihrer Beratungspraxis beschrieben, daß das Denken in Endzuständen, die man ersehnt, eine wesentliche Voraussetzung für die Zielrealisierung ist!

Im Laufe der letzten Jahrzehnte sind weitere Erfolgsbausteine hinzugekommen, die den von Murphy propagierten Weg des Erfolgs durch positives Denken noch sicherer gemacht haben. Positives Denken hat also nichts mit einer Bewertung zu tun, sondern nur mit der Art der Gedankenführung. Das Denken in Zielen, und damit in konkreten Endzuständen, ist das, was das Gehirn und damit unsere Schutzengel genau darüber informiert, was wir tatsächlich wollen. Wenn wir nämlich unseren Schutzengeln nicht unmißverständlich deutlich machen können, was unsere Zielvorstellung ist, machen sie genau das, was sie schon vor

Urzeiten gelernt haben – sie halten unsere Körperreserven fest und stocken sie auf.

4. Ich allein bin zuständig für meine Wünsche!

Ziele müssen von Ihnen selbst beeinflußbar und von Ihnen selbst zu realisieren sein: Eine Frage, wie die von Lilo ,,Wie mache ich anderen, insbesondere Männern klar, daß Schlankheit nicht alles ist?'' ist ein Wunsch, aber kein Ziel, denn er ist nicht von einem selbst zu beeinflussen. In die gleiche Richtung gehen Ziele wie ,,Ich möchte schlanker sein, damit mein Mann mich wieder gern mag!'' oder ,, . . . damit mein Mann wieder mit mir ausgeht oder mich sexuell mehr begehrt!''.

Viel erfolgreicher sind Formulierungen, die auf Sie und Ihre Fähigkeiten bauen! ,,Mit meiner neuen schlanken Figur wird es mir Spaß machen, so sexy zu sein, daß mein Mann sich mir gar nicht entziehen kann''. ,,Ich gebe ihm keine Chance, sich mir zu entziehen!''. ,,Ich werde so attraktiv sein, daß jeder mit mir ausgehen will, und ich werde auswählen, ob es mein Mann sein wird!''.

Zur erfolgreichen Verwirklichung Ihrer Idee gehört auch, daß Sie realistisch sind. Wenn man sich selbst die Ziellatte zu hoch hängt oder Bedingungen einbaut, die an die natürlichen Grenzen stoßen, ist das Erreichen der Ziele gefährdet. Aus medizinischer Sicht sollten Sie Ihrer Haut zuliebe nicht mehr als zwei Pfund pro Woche abnehmen wollen. Hinzu kommt, daß zu große Gewichtsverluste unseren Sicherheitsschutzengel auf den Plan rufen, der die Notbremse der Energiedrosselung zieht, so daß der Spargang eingelegt wird.

Ebensowenig ist es realistisch, wenn Sie sich zu große Ausgaben vornehmen, die Sie finanziell vielleicht gar nicht durchhalten.

5. Harmonie mit anderen Zielen

Was möchten Sie auf keinen Fall erleben?

Was nutzt die schlanke Figur, wenn man vielleicht seine Arbeit, seine Freunde, seine Freude am Leben verliert? Niemand würde ein Hobby lernen, wenn er nicht nach der ersten Lernphase mehr Lebensfreude dadurch hätte.

Vier Schritte helfen Ihnen dabei, Ihre verschiedenen Ziele unter einen Hut zu bringen:

1. Schritt

Notieren Sie sich die grobe Richtung Ihres Wunsches, und legen Sie bereits einen Termin fest, zu dem Sie Ihr Ziel erreicht haben wollen.

Beispiel: ,,Bis zum 31. 12. dieses Jahres möchte ich mich mit meiner Figur besser fühlen.''

Dieser Wunsch ist nicht nachprüfbar und nicht meßbar, aber es ist die erste gewählte Richtung.

Die nächsten drei Schritte sind eine Möglichkeit, um alle Befürchtungen zu notieren und so vorzusorgen, daß das endgültig gewählte Ziel in Harmonie zu Ihren sonstigen Zielen steht.

2. Schritt

Notieren Sie zuerst, was Sie auf *keinen Fall* erleben möchten, wenn Sie Ihre Wunschrichtung verwirklicht haben.

Oft werden beispielsweise folgende Fakten genannt:
Ich möchte auf gar keinen Fall:

- meinen Partner verdrießen;
- weniger Freunde haben;
- mehr Anzüglichkeiten von Männern erdulden müssen;
- meine Kinder gegen mich aufbringen;
- hungern;
- beim Essen immer Kalorien zählen;
- anstrengende Sportarten ausüben, die mir keinen Spaß machen.

Damit Ihr Gehirn auch möglichst viele Ideen produziert, ist es eine erprobte Regel, alles so aufzuschreiben, wie es Ihnen in den Kopf kommt. Manchmal stoppen sich meine Teilnehmerinnen schon nach der dritten Idee, weil sie denken, mehr fiele ihnen dazu nicht ein. Wenn Sie aber einmal überlegen, daß man diese Befürchtungen in neue Wunschrichtungen ummünzen und damit neue Munition für weitere umsetzbare Ziele entwickeln kann, dann werden Sie vielleicht Lust bekommen, nach weiteren Ideen zu suchen. Die ersten sieben Ideen sind meistens das, was man immer schon denkt und ständig präsent hat, bei den nächsten sieben Ideen bekommt man einen tieferen Einblick in das, was an Verlusten mit dem neuen Ziel verbunden ist. Bei den darauf folgenden sieben Ideen kommt man zu sehr tiefliegenden Befürchtungen, die sehr wichtig sind. Sie sind meistens der Grund dafür, warum man sich bestimmte Wünsche noch nicht erfüllt hat. Notieren Sie aber auf alle Fälle alle Ideen, auch die, die Sie vielleicht im Augenblick für abwegig halten.

Edelgard — sie ist Prokuristin in einer großen Firma — fand in ihrer Negativliste nichts. Nach intensiver weiterer Suche kam sie darauf, daß sie auf keinen Fall ihre Bescheidenheit verlieren wollte! Wie kann man eine schlanke Figur mit dem Verlust an Bescheidenheit bezahlen müssen? Ihre Begründung: ,,Mein Gewicht hält mich bescheiden, ich kann mich nicht als Maß aller Dinge sehen, wenn ich nicht auch äußerlich das Idealmaß erfülle! Wenn ich auch noch eine ideale Figur hätte, würde ich mich jedem anderen Menschen mit meinem Rat aufdrängen und wäre wohl unausstehlich! Mich schützt das Gewicht vor Übergriffen in die Sphäre meiner Mitmenschen.''

Zu dieser Negativliste gehört auch, daß man mit einer schlanken Figur nicht länger über ein ,,dickes Fell'', also eine Schutzschicht verfügt, daß die Nerven nicht mehr in Fett gebettet sind und man sich deshalb vielleicht auch sehr viel eher aufregt!

3. Schritt

Hier notieren Sie, was Sie auf *jeden Fall* mit der neuen Wunschrichtung an Zielen verwirklichen möchten. Vielleicht fällt Ihnen automatisch das ein, was Sie schon immer realisieren wollten. Wenn das nicht der Fall ist, so gibt Ihnen die Negativliste sehr viele Hinweise. Wenn Sie also in der Negativliste geschrieben haben ,,Auf keinen Fall möchte ich meinen Partner verdrießen.'', so schreiben Sie jetzt in Ihrer Positivliste, daß Sie auf jeden Fall im Rahmen der neuen Wunschrichtung Ihre Partnerschaft ebenso lebendig und fröhlich wie bisher erleben möchten oder gar noch harmonischer.

4. Schritt:

Dies alles dient der Klärung, was Sie nun wirklich erleben möchten!

Zum Beispiel würde der Partner jetzt vielleicht folgendermaßen einbezogen: ,,Ich werde bis zum Jahreswechsel in der Lage sein, alle Kleidungsstücke der Größe 42 bequem zu tragen und in der Beziehung zu meinem Partner alle meine Überlegungen auf ihn abstimmen!''

Dieses Vier-Schritt-Schema kann dazu führen, daß Sie entdecken, welche Fähigkeiten Ihnen zur Zeit noch dazu fehlen, Ihre Schlankheit schließlich auch zu genießen. Diese Eigenanalyse kann Ihnen am ehesten sagen, welchen unbewußten Nutzen Sie aus Ihrem Übergewicht ziehen können! Oft liegt dieser Nutzen buchstäblich in dem ,,dicken Fell'', das man sich zugelegt hat. Zuständig ist hier der Schutzengel der Sicherheit, der besonders angesprochen werden muß (siehe dazu auch Kapitel IX, Phase 2: Die Ansprache).

6. Der Weg zum Ziel

Ist Ihr Ziel nach Inhalt, Ausmaß und Zeit klar, schließt sich eine genaue Planung der Einzelaktivitäten an, die sicherstellt, daß Sie sich mit allen Kräften für Ihr Ziel einsetzen: Wenn es beispielsweise darum geht, Ihren Partner miteinzubeziehen, so müssen Sie sich überlegen, wann und wie Sie mit ihm darüber reden. Dieses Gespräch und vielleicht auch weitere motivierende Gespräche bis zur endgültigen Zielerreichung müssen von Ihnen vorher überlegt werden.

Dieser Maßnahmenplan hat sich vor allen Dingen in den fünf Informationsfragen bewährt:

1. Was soll genau gemacht werden? Listen Sie in der ersten Spalte alle Einzelaktivitäten möglichst genau auf, auch scheinbar belanglose Aktivitäten, also

nicht nur „Gespräche mit dem Partner", sondern auch wann und wie mit dem Partner gesprochen wird.

2. Wer? Man muß nicht unbedingt alles selbst tun. Es gibt viele Freunde, Bekannte, Mitarbeiter, die Sie bei Ihrem Vorhaben unterstützen können.

3. Ab wann? Manche Aufgaben auf dem Weg zur Verwirklichung der neuen Figur sind so umfangreich, daß man sie nicht gleich ausführen kann. Sie notieren sich dann, ab wann diese Aufgaben erledigt werden.

4. Bis wann? Hier ist es wichtig, auch einen Endzeitpunkt bei der Ausführung der einzelnen Maßnahmen zu setzen. Wann muß spätestens mit einer bestimmten Aktivität angefangen werden, damit im geplanten Zeitraum das Gesamtziel der gewünschten Figur erreicht wird?

Kontrolle

Wann kontrolliere ich mich oder denjenigen, auf die ich eine Aktivität übertragen habe, ob er im Plan ist?

Vielleicht haben Sie Lust, jetzt einmal einen derartigen Zielplan bis hin zum Maßnahmenplan auszuführen. Nehmen Sie sich am Anfang ruhig Zeit, und arbeiten Sie nur so lange, wie Ihnen diese Arbeit Freude bereitet. Eines hat sich bewährt: Je mehr Sie aufschreiben, um so mehr legen Sie sich auch in allen Einzelheiten fest und können damit um so eher Ihrem Unterbewußtsein in Bildern, Worten und Gefühlen sagen, wie Ihre Idealfigur aussehen soll. Zusätzlich haben Sie eine ganze Liste von Tätigkeiten, die Ihre Zielverwirklichung sichern!

7. Persönliche Geschichten

Ingeborg, eine Teilnehmerin meines Kurses, antwortete auf die Frage, warum sie schlanker werden sollte, daß sie sich endlich einmal frei bewegen möchte und nicht immer so viel Last mit sich herumschleppen wollte! Auf die Frage, was sie mit dieser neugewonnenen Energie machen wolle, antwortete sie: ,,Mehr arbeiten! Ich habe doch gerade ein Geschäft eröffnet! Jetzt muß ich mich öfter setzen und ausruhen, weil ich auch mein Gewicht noch herumschleppen muß." Auf die Frage, ob sie sich mit einer schlanken Figur auch noch ihre Ruhepausen gönnen würde, wurde sie nachdenklich und meinte: ,,Im Grunde genommen hilft mir ja mein Gewicht: Ich würde mich sonst vermutlich zu Tode hetzen."

Mit einer Veränderung des äußeren Gewichtes ändert sich Ihr Leben, denn das Gewicht ist ein Mosaik in Ihrem Lebensplan. Das Loslassen des Gewichts gelingt um so leichter, je mehr Sie dafür sorgen, daß Sie die Vorteile einer übergewichtigen Figur auch als schlanke Person besitzen.

Ein wichtiger Grundsatz der neueren Gehirnforschung heißt: Jeder Mensch lebt in seinem persönlichen Optimum! Er tut in jedem Augenblick genau das, was für alle seine inneren Zielvorstellungen das Beste ist! Als ich das zum ersten Mal hörte, fragte ich mich auch, ob diese Aussage auch für Menschen gilt, denen es einfach miserabel geht. Um eine herausragende Figur zu nennen: Gilt das auch für Hiob? Die Antwort wäre ,,ja", und jeder, der die Bibelstellen darüber kennt, wird das bestätigen. Die Frage an Sie ist: Was tun Sie sich Gutes mit Ihrem jetzigen Aussehen, mit Ihrer jetzigen Figur?

Als ich diese Frage Egon stellte — er ist Präsident eines wichtigen Industrieverbandes —, fühlte er sich nicht ernst genommen! Mit einer Körpergröße von 1,65 m und sage und schreibe 190 kg war er fast so lang wie breit. Auf die Frage, warum er schlank werden wollte, sagte er nach längerem Nachdenken: ,,Eigentlich gefällt mir meine äußere Erscheinung schon recht gut, denn mich kann keiner übersehen!'' Dann wurde er noch nachdenklicher und sagte etwas stockend: ,,Mit 1,65 m bin ich ja nun nicht gerade ein Hüne. Eigentlich bin ich bei meinem Normalgewicht leicht zu übersehen und relativ unscheinbar!''

Wie kritisch es sein kann, wenn jemand beispielsweise durch Hypnose schlank wird, aber die Vorteile der augenblicklichen Figur gar nicht erkannt hat und daher nicht erhalten kann, zeigt der Fall von Erika: Als sie sich mit der Hypnose ihrem Idealgewicht in relativ kurzer Zeit genähert hatte, knickte sie buchstäblich am Straßenrand ohne ersichtlichen Grund um und verstauchte sich ihr Bein derart, daß sie mehrere Monate lang liegen mußte. Sie war darüber so verzweifelt und hatte so starke Schmerzen, daß sie innerlich beschloß, daß sie mit ihrer früheren Figur sehr viel zufriedener gewesen sei und kurze Zeit später hatte sie ihr altes Gewicht wieder.

Unsere Figur ist das Ergebnis unserer Energiebalance, die wiederum von unseren inneren Bildern beeinflußt wird, von unseren Glaubenssätzen und Überzeugungen über Gewicht und Figur.

Näher besehen ist unser gesamter Lebensplan zu jedem Zeitpunkt im Gleichgewicht, denn sonst würden wir ihn drastisch verändern. Daher läßt sich sagen, daß sich jeder von uns immer so verhält, wie es für ihn ganz persönlich am optimalsten ist.

Unsere vielfältigen Wünsche nach Glück, Anerkennung, Zufriedenheit, Wohlstand, Beziehungen, Nähe und Freiheit stehen miteinander in Zusammenhang — zum Teil verstärken sie sich, zum Teil stehen sie aber auch in Konkurrenz zueinander.

Wenn auch das Übergewicht angesichts unserer heutigen Schlankheitsnorm als lästig empfunden wird, so ist die Summe der Vorteile immer etwas größer als die Summe der Nachteile. Dr. Richard B. Stuart und Barbara Jacobson haben Hunderte von Frauen interviewt, die nach einem drastischen Gewichtsverlust mindestens ebensoviel wieder zunahmen wie sie vorher abgenommen hatten, da das Leben als schlanke Frau so anstrengend war:

Die Partner wendeten sich ab, die Freundinnen wurden plötzlich neidisch, Männer näherten sich ihnen ganz anders als früher. Sie wurden sexuell aktiver und fanden keine Gegenliebe bei ihren Partnern, um nur einige der Erkenntnisse ihrer Forschungen zu nennen. Hier zum Abschluß noch ein Beispiel, das dieses Problem besonders gut zum Ausdruck bringt — eine meiner Seminarteilnehmerinnen schilderte ihren Kummer so:

,,Ich (24) habe mich in den letzten acht Monaten von einem häßlichen Entlein in ein gutaussehendes Mädchen verwandelt, bin aber trotzdem meine Probleme mit Männern nicht losgeworden. Für mich hat sich nie ein Mann interessiert, weil ich wie ein Witz aussah: Ich war zu dick, hatte einen unmöglichen Haarschnitt und trug dicke Brillengläser in einem häßlichen Gestell. Jetzt habe ich 20 kg abgenommen, habe eine Traumfigur, trage Kontaktlinsen, eine schicke Frisur. Und nun machen die Männer mir plötzlich den Hof. Darüber sollte ich glücklich sein, aber ich stecke voller Minderwertigkeitskomplexe und bin total verschüchtert. Spricht ein Mann mit mir, kann ich ihm nicht in die Augen sehen. Die Kehle ist mir wie zugeschnürt. Die Folge ist, daß mich die Männer früher oder später stehenlassen. Ich werde mit der total veränderten Situation nicht fertig!"

Den psychologischen Aspekt, der in diesem Beispiel greift, sollte man nicht unterschätzen.

Nehmen Sie all Ihre Wünsche und Zweifel ernst! Schlankheit kann bedeuten, daß sich Ihr ganzes Leben ändert; vielleicht müssen Sie einige Ihrer Fähigkeiten neu beleben, vielleicht ganz neue Fähigkeiten erlernen, damit Ihre schlanke Figur zu Ihren sonstigen Lebenszielen paßt.

Hier noch einmal ein Überblick über die drei wesentlichen Schritte:

1. Schritt: Das Figurenziel nach Inhalt, Ausmaß und Zeitpunkt festlegen.

2. Schritt: Selbstbestimmt und realistisch planen.

3. Schritt: Die Harmonie zwischen allen Zielen wahren.

Vom Wunsch zum Ziel

Mein größter Wunsch:
Bis zum 31. 12. dieses Jahres möchte ich mich mit meiner Figur besser fühlen!

Wenn ich mich mit meiner Figur besser fühle, möchte ich:

Auf keinen Fall	Auf jeden Fall	Genau das erleben
a) meinen Partner verdrießen	a) meine Partnerschaft verbessern	a) mein Partner unterstützt mich bei meiner Figurveränderung
b) _____	b) _____	b) _____
c) _____	c) _____	c) _____
d) _____	d) _____	d) _____
e) _____	e) _____	e) _____
f) _____	f) _____	f) _____
g) _____	g) _____	g) _____

IX. Kapitel
Phase 2: Die Ansprache

1. Sprechen Sie die Sprache der Schutzengel

Darf ich Sie zum Mitmachen einladen, um zu erleben, wie sich unser Unterbewußtsein ansprechen und für Ihr neues Ziel gewinnen läßt? Vielleicht haben Sie schon einmal gependelt; wenn nicht, dann nehmen Sie bitte einen Gegenstand, zum Beispiel einen Ring, und machen Sie mit einem Faden, den Sie daran binden, ein Pendel daraus, das Sie zwischen Daumen und Zeigefinger halten können. Um zu verhindern, daß sich Ihr Arm beim Pendeln mitbewegt, stützen Sie bitte Ihren Ellbogen auf und lassen das Pendel über einem Blatt frei schwingen, indem Sie es zwischen Daumen und Zeigefinger festhalten. Auf dieses Blatt Papier zeichnen Sie einen Kreis von fünf bis zehn cm Durchmesser. Ihre Aufgabe besteht nun darin, das Pendel auf diesem Kreisumfang schwingen zu lassen, ohne den Arm oder die Finger bewußt zu bewegen.

Zu Anfang wird sich das Pendel, das zwischen Daumen und Zeigefinger festgehalten ist, überhaupt nicht bewegen. Nun machen Sie sich bitte ganz intensiv ein Bild davon, und sehen Sie vor Ihrem geistigen Auge, wie sich das Pendel auf der Kreisbahn bewegt, auch wenn es noch in der Mitte stillsteht. Lassen Sie Ihre Augen schweifen, so daß Sie nicht nur das Pendel fixieren, sondern die ganze Kreisbahn mit einem Blick übersehen können.

Das Pendel wird anfangen, sich genau so zu bewegen, wie Sie es sich innerlich vorgestellt haben. Sie werden auch merken, daß immer dann, wenn das innere Bild des Pendels, das auf einer Kreisbahn läuft, verschwindet oder Sie Zweifel haben, ob dieses Experiment auch gelingen kann, das Pendel diese Zweifel widerspiegeln wird, indem es nicht weiter ausschlägt, sondern sich einfach entsprechend Ihren inneren Bildern vor und zurück oder hin- und herbewegt. Funktioniert es?

So überraschend und so wenig neu dieser Pendeleffekt ist, so einfach ist die Erklärung: Bestimmte Muskeln zwischen unserem Zeigefinger und unserem Daumen, die wir von außen nicht bewußt identifizieren können, erhalten durch das visualisierte Bild über unser Gehirn Impulse, sich so zusammenzuziehen beziehungsweise auszudehnen, daß sich das Pendel tatsächlich entsprechend dem aufgezeichneten Kreisradius in der vorgestellten Richtung bewegt.

Was würden Sie machen, wenn Sie jetzt die Aufgabe hätten, diese Muskeln bewußt so zu bewegen, daß über Ihre detaillierte Anweisung an die betroffenen Muskelgruppen genau die gewünschte Kreisbewegung des Pendels entsteht? Sie würden wahrscheinlich fragen, welche Muskeln im Zeigefinger und Daumen bewegt werden sollen. Das Fazit ist: Unsere unbewußten Kräfte, also auch unsere Energieversorgung wie unsere Antriebe, die über unser Nervensystem unsere Muskeln steuern, sind nicht direkt ansprechbar, sondern nur über die inneren Sinneseindrücke – also Bilder, Töne und Gefühle sowie über den innerlich vorgestellten Geschmack und Duft.

Es handelt sich dabei um Bilder oder Filme, die entsprechend unseren fünf Sinneskanälen fünf Ausprägungen haben.

Ich nenne diese besonderen inneren Vorstellungen

Fünf-Sinne-Bilder oder Komplett-Bilder und -Filme.

Wie jede körperliche Fertigkeit gelernt werden muß, so läßt sich auch erlernen, wie man sich Bilder, Töne, Gefühle und alles Geschehende im Geist deutlich, also mit allen fünf Sinnen vorstellen kann.

Das ständige Üben dient dazu, dem Gehirn so genau und deutlich wie möglich zu sagen, welches Ziel es verfolgen soll! Im Gehirn findet letzten Endes das Lernen neuer Fertigkeiten, das Abgewöhnen von Angewohnheiten statt, die uns früher nützlich waren, heute aber hinderlich sind! Das Gehirn und damit unsere Schutzengel wissen um so genauer, wie sie sich verhalten sollen, wenn man sich das Ziel nicht nur bildlich, sondern mit allen Sinnen – also als Komplett-Film – vorstellt.

Unsere Erinnerungen bestehen aus solchen Komplett-Filmen. Unsere unbewußten Figur-Komplett-Filme aus frühester Jugend, nach denen sich unsere Schutzengel ausrichten, bestimmen, ob wir schlank oder dick sind – natürlich im genetisch vorgegebenen Rahmen. Das bedeutet, daß es möglich ist, neue Figuren-Komplett-Filme zu schaffen, die genau unseren Wünschen entsprechen. Das Geheimnis einer schlanken Figur ist ein motivierender Figur-Komplett-Film.

2. Die Kunst des Visualisierens

Die wesentlichste Fähigkeit bei dem Ziel, seine Figur nach eigenen Wünschen zu ändern, ist die Visualisierung mit allen fünf Sinnen.

So einfach es klingt – einige zusätzliche Probleme sind zu lösen, denn nicht jeder Mensch kann auf Anhieb visualisieren! Jeder von uns hat einen Lieblings-Sinneskanal, mit dem er seine Umwelt wahrnimmt, und so werden die Eindrücke auch abgespeichert.

Man schätzt den Anteil der sogenannten ,,Augenmenschen'' auf 40 Prozent, den der ,,Gefühlsmenschen'' auf 50 Prozent und den derjenigen, die sich bevorzugt am Gehörten orientieren, auf 10 Prozent! Für Augenmenschen ist die Visualisierung ein Kinderspiel, während Ohren- und Gefühlsmenschen sich oft nicht an ihre inneren Bilder erinnern können und glauben, sie hätten gar keine und könnten auch keine solchen Bilder produzieren.

3. Die Augen sind die Schalter

Gibt es irgendwelche Schalthebel, um innere Bilder, Töne, Gefühle, Gerüche oder Geschmack abzurufen? In der Tat gibt es etwas Ähnliches. Jedem von uns ist schon aufgefallen, daß wir unsere Pupillen oft bewegen. Lehrer, die meinten ,,Da oben steht es nicht geschrieben!'', haben nicht erfaßt, was bei dem Schüler ablief, denn jemand, der die Pupillen nach oben richtet, scheint innerlich in Bildern zu sehen, und ist somit in der Lage, sich eher an etwas zu erinnern.

Bandler und Grinder, zwei US-Forscher, nahmen diese Augenbewegungen ernst und kamen zu einem erstaunlichen Ergebnis: Es scheint einen Zusammenhang zwischen der Art der aufgerufenen Erinnerungen und der Augenstellung zu geben.

Durch Videoaufnahmen wurde ihnen klar, daß mit der Bewegung der Pupille bestimmte Gehirnteile angeregt werden, in denen Informationen über die einzelnen Sinneskanäle gespeichert sind. Insgesamt können wir unsere Pupillen in sechs verschiedene Richtungen bewegen.

90

Vielleicht probieren Sie es selber aus: Setzen Sie sich bequem hin, und richten Sie Ihre Augen bewußt nach oben. Können Sie ein bestimmtes Erlebnis besser „innerlich" als Bild oder als Film sehen? Wie gut können Sie „innerlich" etwas hören oder fühlen, riechen oder schmecken, von dem was sie damals tatsächlich erlebten?

Fangen Sie an, sich an etwas zu erinnern, was Ihnen besonders gut gefallen hat — vielleicht ein besonderes Urlaubserlebnis!

Die Augen spiegeln die Sinneskanäle wider

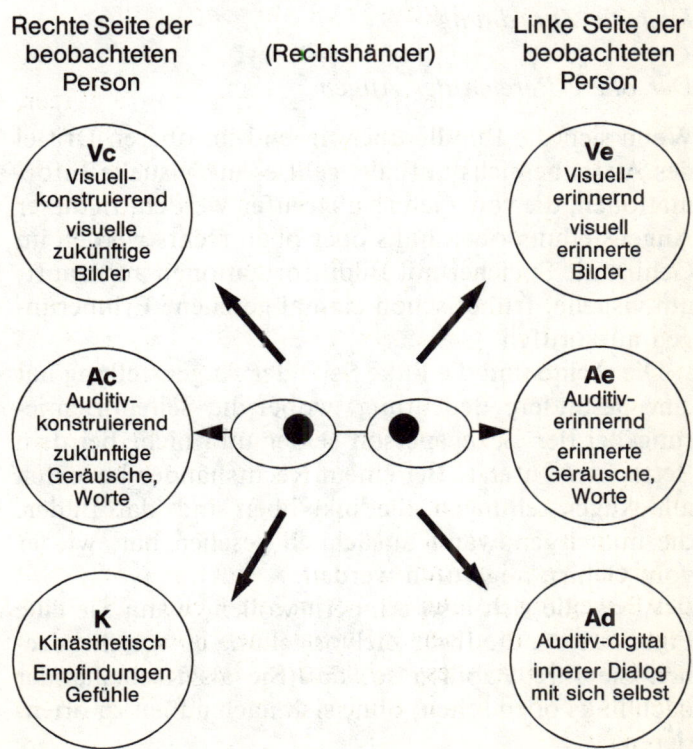

Rechte Seite der beobachteten Person

(Rechtshänder)

Linke Seite der beobachteten Person

Vc
Visuell-konstruierend

visuelle zukünftige Bilder

Ve
Visuell-erinnernd

visuell erinnerte Bilder

Ac
Auditiv-konstruierend

zukünftige Geräusche, Worte

Ae
Auditiv-erinnernd

erinnerte Geräusche, Worte

K
Kinästhetisch

Empfindungen Gefühle

Ad
Auditiv-digital

innerer Dialog mit sich selbst

Jetzt setzen Sie sich etwas weiter nach vorne gebeugt hin — denn jede Körperhaltung ist ganz speziell mit den einzelnen Sinneszentren im Gehirn verbunden —, und halten Sie Ihre Augen im mittleren Bereich rechts oder links. Können Sie hier besser an etwas Gehörtes, Gesehenes oder Gefühltes denken?

Bewegen Sie nun Ihre Augen bewußt nach rechts unten, und gehen Sie auch mit dem Körper noch etwas weiter nach vorn. Erinnern Sie sich zuerst an ein Bild von früher, dann an etwas, was Sie damals gehört haben, und dann an ein Gefühl. Welche Art der Erinnerung empfinden Sie in dieser Position am stärksten?

Hier die Zuordnung:

Der obere Bereich der Augen

Wenn sich die Pupille überwiegend im oberen Drittel des Augenbereichs aufhält, geht es um visuelle Informationen, die vom Gehirn abgerufen werden. In dieser Augenstellung oben links oder oben rechts werden im Gehirn die Speicher mit Bildinformationen angezapft, um visuelle, früher schon einmal gesehene Erinnerungen aufzurufen.

Die rechte und die linke Seite der Augenstellung hat eine besondere Bedeutung, wobei die Seitenorientierung bei der Bezugsperson selber und nicht bei dem Betrachter ansetzt. Bei einem Rechtshänder bedeuten alle Augenstellungen, die links oben sind, daß Bilder, die man irgendwann tatsächlich gesehen hat, wieder vom Gehirn abgerufen werden.

Wenn Sie sich also erinnern wollen, wann Sie eine Figur hatten, die Ihrer Zielvorstellung entspricht, drehen Sie Ihre Pupillen so, daß Sie als Rechtshänder nach links oben sehen, ohne sich nach außen zu orientieren.

Wenn Sie jetzt entscheiden wollen, ob ein erinnertes Bild aus der Vergangenheit für Ihr heutiges Wunschgewicht wichtig ist, so drehen Sie die Pupillen nach rechts oben. Hier geht es um bildliche Vorstellungen von etwas, das man noch nie gesehen hat, also um neue Perspektiven. Das ist genau die Augenstellung, die Sie als Rechtshänder für Ihre Figurenfilme brauchen. Durch die Augenstellung rechts oben konstruieren Sie ganz bewußt im Gehirn ein Bild und einen Film davon, wie Sie aussehen wollen. Wenn Sie diesen inneren Film visuell abrufen wollen, lenken Sie bewußt Ihre Augen in diese Stellung.

Der mittlere Bereich der Augen

Wenn Sie Ihre Pupillen waagerecht nach links wandern lassen, werden Sie bereits gehörte Töne, Geräusche und Klänge wahrnehmen: Welches Lied hörten Sie beispielsweise zum letzten Weihnachtsfest am liebsten?

Wenn Sie versuchen, sich intensiv zu erinnern, stehen Ihre Pupillen dann in der Mitte links? Wie hörten sich die Komplimente an, als Sie in vergangenen Jahren Ihre Idealfigur besaßen?

Wenn Sie Ihre Pupillen waagerecht nach rechts wandern lassen, werden Sie konstruierte Töne, Geräusche, Klänge wahrnehmen: Wie hört sich das Lied „O Tannenbaum" verjazzt an? Wie wird es sich anhören, wenn Sie Ihr Partner lobt, weil Sie so attraktiv aussehen? Wie werden Ihre Arbeitskollegen mit Ihnen sprechen? Was werden sie sagen, wenn Sie mit Ihrer schlanken Figur am Arbeitsplatz erscheinen?

All das kann man besser innerlich hören, wenn man die Pupillen im mittleren Bereich nach rechts richtet.

Der untere Bereich der Augen

Während das erste und zweite Drittel der Augen ganz klar dem Bild und dem Ton zugeordnet sind, ist der untere Bereich unterschiedlich spezialisiert.

Bei einem Rechtshänder heißt das:
Wenn Sie Ihre Pupillen nach unten rechts richten, werden in Ihrem Gehirn gefühlsmäßige Erfahrungen, Geruchs- und Geschmacksinformationen aktiviert und aufgerufen. Wenn Sie spüren wollen, wie Sie Ihr neuer innerer Figurfilm begeistert, sehen Sie ihn innerlich vor sich; hören Sie die von Ihnen geplante Information, hören Sie, was Ihre Partner, Ihre Freunde Ihnen zurufen, und richten Sie dann Ihre Augen nach rechts unten und versuchen Sie, das Gefühl ganz intensiv zu spüren. Fühlt es sich gut an? An welcher Stelle im Körper können Sie dieses Gefühl spüren? Ist es ein Gefühl der Begeisterung? Wenn Sie begeisternde Gefühle wachrufen wollen, um Ihren Film stückweise zusammenzusetzen, dann richten Sie Ihre Augen nach rechts unten. Denken Sie nun an eine Situation, die Sie begeistert hat, an ein Vorhaben, das Sie erfolgreich abgeschlossen haben, an ein Ziel, das Sie erreicht haben, an einen Freund, den Sie gewonnen haben und so weiter und spüren Sie, an welcher Stelle im Körper Ihr Gefühl der Begeisterung sitzt.

Wie ist dieses Gefühl mit den Augen gekoppelt? Sind die Augen nach rechts unten gerichtet oder nach links unten?

Da wir uns in unserer Leistungsgesellschaft nicht selber loben, sondern lieber loben lassen, haben wir im linken unteren Augenbereich meist nur Kritikdialoge gespeichert. Wenn Sie sich innerlich kritisieren, wenn Sie etwas hinterfragen, wenn Sie mit sich unzufrieden sind, sind Ihre Augen meistens nach links unten gerichtet, um diese Speicher im Gehirn abzurufen.

Fazit

Mit der Augenstellung können Sie ganz einfach einen
Film planen.

Der Körper spiegelt die Benutzung
der Sinnesorgane wider

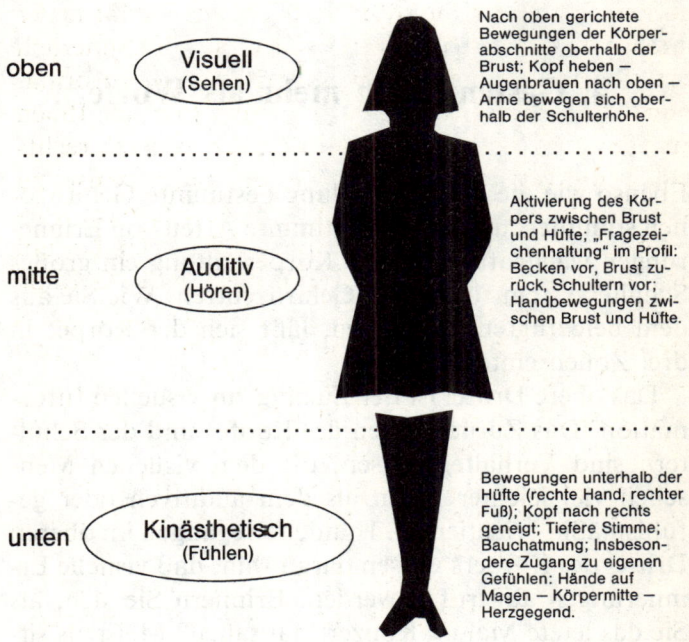

oben — Visuell (Sehen)

Nach oben gerichtete
Bewegungen der Körper-
abschnitte oberhalb der
Brust; Kopf heben —
Augenbrauen nach oben —
Arme bewegen sich ober-
halb der Schulterhöhe.

mitte — Auditiv (Hören)

Aktivierung des Kör-
pers zwischen Brust
und Hüfte; „Fragezei-
chenhaltung" im Profil:
Becken vor, Brust zu-
rück, Schultern vor;
Handbewegungen zwi-
schen Brust und Hüfte.

unten — Kinästhetisch (Fühlen)

Bewegungen unterhalb der
Hüfte (rechte Hand, rechter
Fuß); Kopf nach rechts
geneigt; Tiefere Stimme;
Bauchatmung; Insbeson-
dere Zugang zu eigenen
Gefühlen: Hände auf
Magen — Körpermitte —
Herzgegend.

Annahme: Rechtshänderin!

Richten Sie dazu Ihre Augen zuerst nach links oben,
dann nach rechts oben, und sehen Sie ganz deutlich
das Bild Ihrer gewünschten Figur vor sich. Vielleicht
wird das auch schon ein Film mit allen Ihnen bekann-

ten Akteuren, die Sie im Rahmen dieses neuen Figurenfilms unterstützen und gut behandeln.

Dann richten Sie die Augen in die Waagerechte und hören sich intensiv Ihre inneren Zusprüche an. Zuletzt richten Sie die Augen in das untere Drittel des Augenbereiches sowohl rechts als auch links, und fühlen ganz genau nach, ob Sie den begeisternden, den motivierenden ,,Fühlfilm'' gefunden haben!

4. Gesten sagen mehr als Worte

Ebenso wie die Pupillenstellung bestimmte Gehirnzonen stimuliert und damit bestimmte Arten von Erinnerungen wachruft, so ist die Körperhaltung ein großes Schaltersystem für unsere Gehirnzentren. Wie Sie aus dem beigefügten Bild sehen, läßt sich der Körper in drei Zonen einteilen:

Das obere Drittel ist der Zugang zur visuellen Information: Das Zurückziehen des Kopfes und der Schultern sind Verhaltensweisen, die dem visuellen Menschen viel leichter fallen als dem auditiven oder gefühlsmäßig orientierten. Händebewegungen im oberen Drittel des Körpers weisen darauf hin, daß visuelle Erinnerungen abgerufen werden. Erinnern Sie sich, als Sie das letzte Mal im Konzertsaal saßen? Meistens sitzen die Zuhörer etwas nach vorn gebeugt.

Der mittlere Körperbereich ist ein Schaltersystem für unsere Hörzentren im Gehirn.

Das untere Körperdrittel ist wiederum rechts und links unterschiedlich spezialisiert. Für einen Rechtshänder ist der untere Körperbereich der Zugang zu den Gefühlen, die linke Körperhälfte beherbergt die Schalter für die Gehirnzentren mit den inneren Dialogen.

Vielleicht ist Ihnen die Vorstellung, daß die Körperhaltung und die Stimulation in den verschiedenen Gehirnzentren eng zusammenhängen, noch neu. Sie können das aber selbst erleben, indem Sie folgende Positionen kurz mitmachen:

- Heben Sie die Arme hoch und sagen Sie „Ich bin sehr traurig!"
- Setzen Sie sich so hin, daß Sie wissen, daß Ihnen kein Wort entgehen wird. Gibt es hier eine bestimmte Sitzhaltung oder ist das genaue Zuhören in jeder Sitzhaltung möglich?
- Senken Sie den Kopf nach rechts unten (als Rechtshänder) und sagen Sie sich „Ich bin sehr fröhlich!"
- Bewegen Sie Ihren Körper nach links vorne. Können Sie die Worte „ich sehe klar" nachempfinden, oder bekommen Sie dabei praktisch einen Knoten ins Gehirn?

Durch diese Kopplung von Körperhaltung und innerlich ausgelösten Bildern, Tönen oder Gefühlen ist es möglich, ganz bewußt Figurfilme zu gestalten. Selbst wenn jemand glaubt, er habe noch nie innerlich Bilder gesehen, hat er mit Hilfe der sechs Augenstellungen und der Körperhaltungen die Möglichkeit, die Fähigkeit der Visualisierung gezielt zu erlernen!

5. Alpha: In der Entspannung leichter visualisieren

Napoleon legte sich vor jeder Schlacht eine Stunde lang auf den Boden. Danach fühlte er sich fit. Untersuchungen mit dem Elektroenzephalogramm (EEG) zeigen, daß die Gehirnstromwellen im Entspannungszustand sinken, nach einigen Minuten der Sauerstoff-verbrauch des Menschen um durchschnittlich 13 Prozent zurückgeht und sich die Atemzüge von 16 auf 11 pro Minute reduzieren. Der Blutdruck sinkt, und die ruhigen Alpha-Wellen im Gehirn nehmen mit einer Frequenz von sieben bis vierzehn Zyklen pro Sekunde zu.

In unserer normalen Wachphase produziert das Gehirn sogenannte Beta-Wellen in einem Wellenrhythmus des Gehirns von etwa 20 Zyklen pro Sekunde. In diesem sogenannten Alpha-Zustand, so hat der bulgarische Forscher Lozanov (Arzt und Psychologe) in den 60er Jahren entdeckt, erholt sich der Organismus nicht nur, sondern man kann besser lernen, visualisieren und sich erinnern.

Diesen Alpha-Zustand erleben wir immer kurz vor dem Einschlafen: Man ist geistig noch völlig bei Bewußtsein, der Kopf aber fängt schon an, sich immer tiefer zu entspannen, und auch die Muskeln sind entspannt.

Daher ist es möglich, diesen Alpha-Zustand auch bewußt herbeizuführen, indem man sich entweder über autogenes Training oder die sogenannte Muskelentspannung nach Jacobsen entspannt.

Alternativ kann man sich mit Musik durch langsame Adagio oder Largosätze mit einem Rhythmus von 60 Schlägen pro Minute in den Alpha-Zustand versetzen. In diesem Zustand ist es besonders leicht möglich, sich innerlich Bilder, Töne, Geräusche und Gefühle vorzustellen. Da der Alpha-Zustand jedoch immer vorübergehend ist und willentlich nicht erzwungen werden kann, hat man versucht, eine Methode zu finden, mit der es gelingt, möglichst lange im Alpha-Zustand zu verweilen. Man erhält den Alpha-Zustand über ein intensives inneres Bilderleben aufrecht, indem man sich Filme gestaltet und diese Filme innerlich so erlebt, als ob sie wirklich passierten.

6. Der geistige Entspannungsort

Um diesen Zustand der Entspannung mit Alpha-
schwingungen im Gehirn länger beizubehalten, wählt
man einen Ort, an dem man sich wohlfühlt. Entweder
ist es ein bekannter Ort, den man schon immer gern
hatte, oder man stellt sich in der Entspannung einen
Phantasieort vor und sucht ihn dann in allen folgenden Entspannungsphasen immer wieder auf. Dieser
Ort sollte alles in sich vereinen, was man gern um sich
hat.

Wenn Sie bestimmte Landschaften lieben, beispielsweise den Wald, die Wiesen oder das Gebirge, dann
wählen Sie einen solchen Ort als geistigen Entspannungsort aus. Da die Phantasie unbegrenzt ist, können
Sie diesen Entspannungsort, wenn Sie ihn aufgesucht
haben, immer wieder entsprechend Ihren neuen Wünschen verändern.

Gedacht ist dieser Ort als Begegnung mit sich selbst,
mit Ihrem Unterbewußtsein. Gerade in der ersten Phase der Fähigkeit zur schlanken Figur ist diese Alpha-
Entspannung eine große Hilfe, wenn Sie täglich zehn
bis dreißig Minuten darauf verwenden.

Der Weg zum geistigen Entspannungsort ist beliebig
wählbar. Allerdings hat es sich als hilfreich erwiesen,
sich vorzustellen, daß man als Bild einen Fahrstuhl
oder eine Treppe benutzt, vielleicht mit zehn Stufen,
und sich sozusagen durch das geistige Hinunterfahren
oder -steigen in die tiefere Entspannung hinunterzählt.

Am Ende dieses Kapitels finden Sie einen Text, der
mir jahrelang geholfen hat, mit den Teilnehmern meiner Kurse innere Entspannungsorte zu schaffen, um
sich dort mit den Schutzengeln zu treffen. Vielleicht
sprechen Sie sich diesen Text auf eine Cassette und re-
servieren sich am Tagesanfang jeweils eine stille Stun-

Die neue bildliche Zielvorstellung

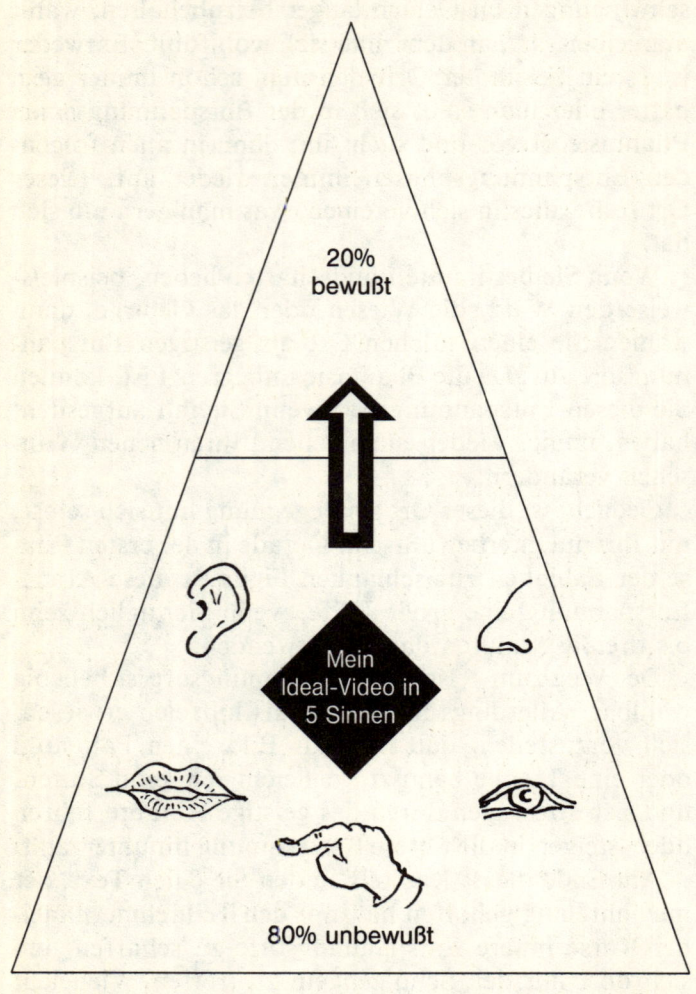

de, um sie anzuhören und die geistige Vorstellung des inneren Entspannungsortes immer deutlicher und lebendiger werden zu lassen.

Wenn Sie nun anfangs Ihren Entspannungsort aufsuchen und ihn einrichten, dann achten Sie vor allen Dingen darauf, ihn mit Einrichtungsstücken zu versehen, auf die Sie sich selber setzen oder legen können, um sich noch tiefer zu entspannen. Außerdem sollte er mit einem Videogerät oder einer Leinwand ausgestattet sein, auf der Sie Ihre Bilder und Ihre Filme ablaufen lassen und auch umgestalten können.

7. Das Sprechen und Verhandeln mit den Schutzengeln

Wenn Sie bei der Zielplanung merken, daß sehr vieles in Ihrem Leben für Ihre jetzige Figur spricht, so bietet die sogenannte Alpha-Technik eine sehr gute Möglichkeit, um mit Ihren Schutzengeln direkt in Verbindung zu treten und Lösungen zu erfragen, so daß Sie insgesamt im Leben zufriedener sind, sei es nun mit oder ohne ein schlankes Äußeres.

Wenn Sie im Entspannungsraum sind, bitten Sie Ihre Schutzengel einzeln oder zusammen auf die Leinwand und fragen sie:

1. Was tut ihr im Augenblick für mich, wovon ihr meint, daß es mir guttut? (Annahme: Jedes Verhalten hat einen Sinn!) Hier kommen oft ganz überraschende Antworten:

   – Der Schutzengel der Fülle sagt beispielsweise: Ich schütze Dich vor Streß;

- Der Schutzengel der Sicherheit sagt: Ich biete Dir Sicherheit vor Dir selbst, denn wenn Du schlank wärst, würdest du vielleicht kein so solides Leben führen.
- Auch der kreative Schutzengel hat zum heutigen Gewicht beigetragen, um bestimmte Probleme zu lösen.

2. Danken Sie Ihrem Schutzengel und bitten Sie den kreativen Schutzengel, sich mindestens drei Lösungen auszudenken, die genau denselben Vorteil haben wie Ihr jetziger Figurzustand. Bitten Sie ihn um ein Zeichen, ob er neue Lösungen gefunden hat. Manchmal dauert es etwas länger. Sehr häufig freut sich unser ,,Pfadfinder'' aber auch, endlich direkt mit Ihnen in Kontakt zu treten!
Bitten Sie ihn nun, den beiden anderen die neuen Lösungen zu zeigen und sich eine auszusuchen! Lassen Sie so lange nach neuen Lösungen suchen, bis alle Schutzengel miteinander übereinstimmen, das heißt so lange, bis sie Ihnen helfen, die gewünschte Figur zu realisieren und dabei darauf zu achten, daß auch bestimmte Nebenziele eingehalten werden.

3. Die Abhängigkeit zwischen der Idealfigur und dem Gefühl, satt zu sein!
Bitten Sie Ihre Schutzengel, Ihnen ein Zeichen zu schicken, wenn Sie genug und das Richtige für Ihre Traumfigur gegessen haben. Je intensiver Sie Ihrem Körper nachspüren, um so eher merken Sie, wann Sie etwas essen müssen und wann Sie satt sind.

8. Die Spiegeltechnik

Als sehr positiv hat sich auch eine Technik zur Lösung von Problemen erwiesen, bei der Sie die Kräfte Ihres Unbewußten zu Hilfe rufen, indem Sie Ihr Problem auf einem Spiegel mit blauem Rand notieren.

Diese sogenannte Spiegeltechnik dient der Problemauflösung, und sie funktioniert folgendermaßen: Sie begeben sich mit Ihren Zielen und der dazugehörigen körperlichen Entspannungstechnik an Ihren geistigen Entspannungsort und notieren das Problem langsam und deutlich in allen Einzelheiten auf Ihrem Spiegel.

Sie lesen den Text dann mehrfach langsam durch und stellen sich vor, daß Sie die Lösung dieses Problems am nächsten Tag auf Ihrer Leinwand oder auf Ihrem Videoschirm sehen.

Damit das Problem auch ein für alle mal aus dem Bewußtsein verschwunden ist, wird der Spiegel leergewischt. Ich habe sehr häufig erlebt, daß sich – bei hartnäckigen Problemen, wie es beispielsweise ein lebenslanges Gewichtsproblem sein kann – der Text nicht vom Spiegel abwischen läßt. Eine Frau ging dazu über, den Spiegel mit einem Hammer zu zerschlagen, eine andere hat ihn zerschossen.

In den folgenden 21 Tagen sollten Sie täglich in diesen Entspannungsraum zurückkehren und die Lösung des Problems jedesmal sehr intensiv mit großer Begeisterung auf Ihrer Leinwand sehen.

Wissenschaftler haben festgestellt, daß der Mensch im Durchschnitt etwas neunmal lernen muß, bevor dies in das Langzeitgedächtnis aufgenommen wird, so daß man sich jederzeit daran erinnern kann. Wenn Sie sich mit der Spiegeltechnik von einem unerwünschten Verhalten befreit haben, so soll dies ja nicht nur gründlich gelöscht werden, sondern Sie müssen das neuerworbene Verhalten schließlich auch verinnerlichen. Das geschieht durch ständige Wiederholung.

Man hat festgestellt, daß die innere Visualisierung des ideal gelösten Problems auf der Leinwand im Entspannungsort 21 Tage lang durchgeführt werden muß, um verwirklicht zu werden.

Wichtig ist die Konzentration auf ein Problem, damit das Gehirn und die unbewußten Kräfte voll auf diese bildhafte Vorstellung des gewünschten Idealbildes gerichtet werden können.

Der Sinn der Spiegeltechnik liegt vor allem darin, die Einstiegsphase zu erleichtern.

Gerade in der Übergangsphase, bis das Gehirn völlig akzeptiert hat, daß Sie ein eigenes Idealbild Ihrer Figur haben und sicher sind, dieses auch zu erreichen, wird jeder äußere Anlaß die alten Bilder − und damit das alte Eßverhalten − wieder zurückrufen.

All diese Auslöser kann man mit der Spiegeltechnik löschen.

9. Eine Entspannungsübung

Atmen Sie jetzt bewußt tief aus, und beim Einatmen prüfen Sie, ob Sie bequem sitzen.

Nehmen Sie Ihre Sitzhaltung im Kontakt zu Kissen oder Stuhl wahr. Spüren Sie sich in den Beinen und Füßen. Lassen Sie Ihren Bauch locker, und strecken Sie ihn hinaus. Wandern Sie mit Ihrem Bewußtsein die Wirbelsäule hinauf bis zum Kopf. Sie fühlen sich kraftvoll, wenn Sie so sitzen. Lockern Sie Ihren Kiefer. Spüren Sie, wie locker Ihre Schultern und Arme sind. Nehmen Sie Ihren Atem wahr, wie er ein- und ausströmt.

Hören Sie, wie die Geräusche im Raum langsam leiser werden. Sie sehen sich um und fixieren einen Punkt und schauen auf diesen Punkt. Und langsam werden die Geräusche geringer. Sie lehnen sich bequem an, Ihre Fußsohlen berühren den Boden, und Ihre Arme liegen ganz locker auf Ihren Oberschenkeln.

Ihr Atem fließt natürlich ein und aus, und wenn Sie etwas stört und Sie aus der Entspannung herausgerissen werden, machen Sie bewußt ein paar tiefe Atemzüge, und schon sind Sie wieder ganz entspannt.

,,Ich atme jetzt tief ein, und beim Ausatmen bin ich körperlich immer mehr entspannt. Alle Muskeln sind vollkommen locker und entspannt. Arme, Beine, Unterkörper, Oberkörper, Nacken und Kopf sind frei, locker, und ich fühle mich körperlich ganz wohl.

Ich atme tief ein, und beim Ausatmen bin ich seelisch ganz gelöst. Meine Seele ist locker und entspannt. Ich atme noch einmal tief ein, und beim Ausatmen lasse ich alle meine Gedanken los. Sie ziehen vorbei wie Wolken am Himmel. Und dadurch bin ich geistig wach und klar. Ich bin ich, ich bin in mir, in meinem geistigen Zentrum, in mir selbst, und ich bin ich, einzig in meiner Art.

Ich entspanne mich noch tiefer, indem ich meine Augenlider entspanne.

Ich fühle, wie entspannt meine Augen sind. Ich lasse dieses Gefühl der Entspannung langsam durch meinen ganzen Körper bis in die Zehenspitzen hinabfließen.

Um in noch tiefere Schichten meiner Persönlichkeit zu gelangen, besteige ich jetzt einen Fahrstuhl.

Ich sehe ihn ganz deutlich vor mir, ich betrete ihn und berühre mit meinem Zeigefinger einen Knopf, und während sich der Fahrstuhl nach unten bewegt, zähle ich langsam von zehn bis eins, und bei jeder absteigenden Zahl gelange ich in tiefere Schichten meiner Persönlichkeit:

Zehn:
Ich sehe die Fahrstuhlknöpfe vor mir, ich höre das Geräusch des Hinabgleitens, und ich fühle mich immer entspannter.

Neun:
Ich gehe tiefer und tiefer.

Acht:
Ich bin entspannter und atme tief ein und aus.

Sieben:
Ich bin tiefer und tiefer entspannt.

Sechs:
Ich bin noch tiefer entspannt.

Fünf:
Ich entspanne mich weiter und gelange in tiefere Schichten.

Vier:
Tiefer und tiefer entspanne ich mich.

Drei:
Noch tiefer fahre ich hinab.

Zwei:
Ganz tief ist meine Entspannung.

Eins:
Ich bin jetzt auf einer ganz tiefen Bewußtseinsebene und genieße diesen Zustand der absoluten Entspannung.

Es ist ein wunderbares Gefühl, vollkommen glücklich und harmonisch zu sein und sich so frei zu fühlen.

Zur weiteren geistigen Reinigung gehe ich durch einen Farbraum. Er ist mit meiner Lieblingsfarbe ausgestattet. Welche Farbe ist es? Ganz deutlich sehe ich diese

Farbe vor mir, und vielleicht gibt es auch einen Klang, den ich mit dieser Farbe verbinde? Ich atme diese Farbe in jede Pore meiner Haut, und ich entspanne mich in diesem Farbraum tiefer und tiefer, denn die Farbe entfernt alles, was mich noch belasten könnte, und langsam atme ich die Farbe wieder aus.

Langsam durchquere ich den Farbraum und komme zu der Tür meines Entspannungsraums. Ich zähle jetzt langsam bis drei und bin dann in meinem Entspannungsraum.

Ich nehme in meinem Ruhesessel Platz.

Ich atme tief ein und fühle die erholsame Ruhe und Geborgenheit an diesem Platz. Ich sehe mich um – ganz langsam – und stelle fest, daß alles noch am alten Platz ist. Der geheime Erholungsort meiner Seele und meines Geistes ist hier, und hier werde ich alle Probleme lösen, und neue Lösungen in das Hier und Jetzt übertragen.

Jetzt habe ich mich in meinem Sessel ausgeruht und löse mein Problem.

Wenn ich es noch nicht getan habe, schreibe ich mein Problem ganz deutlich mit einem Stift oder mit meinem Finger auf den Spiegel mit dem blauen Rand, so daß ich es ganz deutlich sehen kann.

Nun lösche ich das Problem. Das brauche ich nur einmal zu tun, denn damit ist es für immer gelöscht. Entweder wische ich den Spiegel ab oder ich zertrümmere ihn mit einem Hammer, je nachdem, wie es für mich richtig ist. Jetzt schaue ich hinüber zu meiner Leinwand und wende mich meinem neuen Ziel zu. Ich bitte mein Unterbewußtsein, mir den gewünschten Endzustand in einer ganz deutlichen Szene zu zeigen.

Wo bin ich?
Wie fühle ich mich?
Wie bin ich angezogen?

Gibt es jemanden um mich herum?
Wie sieht er aus?
Was höre ich?

Ich sehe mich so, wie ich sein möchte. Ich bin jetzt schon in meinem Bild. Und mein Inneres weiß, daß dies der gewünschte Endzustand ist. Mein Unterbewußtsein wird mir helfen, diesen Zustand in der Zeitspanne zu erreichen, die ich mir vorstelle.

Die Szene des Wunschbildes wird zum Film und belebt sich. Wie bewege ich mich?

Wie bewegen sich die Menschen, die um mich herum sind?

Ich sehe mir die Szene ganz genau an. Vielleicht höre ich auch Stimmen oder Musik? Ich höre genau zu, und ich sehe mir die Szene immer wieder an.

Das ist es, was ich erreichen möchte.

Ich sehe mich jetzt selbst. Ich sehe mein neues Ich. Und ich bin gesund, strahlend und energiegeladen. In mir befindet sich ein urgesundes Kraftfeld, das alle Körperfunktionen ordnet und steuert und mir immer mehr Kraft gibt.

Das gewünschte Ich in meinem Bild gewinnt mehr und mehr Einfluß auf meinen physischen Zustand. Ich spreche leise mit, sehe die Worte auf der Leinwand und habe auch ein Bild dazu. In mir ist die Kraft, die Energie, das gesunde Urbild, das meinen Körper durchdringt. Ich sehe mich harmonisch und heiter.

Eine gelassene Heiterkeit durchströmt meinen ganzen Körper. Ich bin harmonisch, heiter und erfolgreich.

Wenn ich bis drei gezählt habe, wird das Bild von der Leinwand verschwunden sein.

Ich atme dann einmal ganz tief ein, und beim Ausatmen lasse ich die Wirkung dieser Szene in meinen Körper einsinken.

Eins, zwei, drei!

Das Bild ist verschwunden. Ich atme gelassen im eigenen Rhythmus tief ein, und beim Ausatmen verbreitet sich die Erinnerung an diese Szene in meinem ganzen Körper:

So sehe ich aus. So werde ich sein. Das bin ich und so bewege ich mich. Ich genieße, wie gut ich mein Problem gelöst habe. Ich sehe, höre und fühle alles, was in dieser Szene abläuft. Ich fühle mich wohl.

Wenn ich noch etwas verbessern kann, dann bitte ich mein Unterbewußtsein, die Szene noch ein wenig zu verändern, so daß ich mich noch wohler, glücklicher und harmonischer mit dem gewünschten Endzustand fühle.

Das ist es, was ich erreicht habe: Mein neues Ich lacht mir entgegen.

Ich bin sicher, daß das die Lösung ist, und ich weiß, daß ich alle Kräfte in mir habe, um jedes Problem zu lösen. Ich weiß, daß ich Gutes tun werde und daß mir Gutes widerfahren wird."

Ich lasse Ihnen jetzt noch etwas Zeit, um sich den gewünschten Endzustand ganz genau auszumalen und ihn zu genießen:

,,Ich werde dieses Wunschbild jeden Tag aktivieren, und eine tiefe Zufriedenheit wird dabei meinen Körper durchströmen. Ich atme tief aus, und beim Einatmen bitte ich mein Unterbewußtsein, mir ein Bild von meinen drei Schutzengeln zu schicken, so daß ich mit ihnen in Verbindung treten kann.

Und jetzt erscheint ganz deutlich ihr Bild. Ich sehe mir dieses Bild genau an. Wie sehen meine drei Helfer aus?

Das Bild setzt sich langsam in Bewegung und wird zum Film! Vielleicht gibt es auch einen Ton dazu? Ich spüre, daß mir das Bild immer vertrauter wird, und ich fühle mich wohl und entspannt.

Ich bitte jetzt jeden einzelnen Schutzengel um Hilfe:
Was muß ich verändern, damit ich mein Idealgewicht erreiche?

Zuerst antwortet der Schutzengel der Fülle, und ich höre ihm ganz genau zu: Was sagt er mir?

Dann wende ich mich an den Sicherheitsexperten, auch er antwortet mir!

Jetzt wende ich mich mit der Bitte nach einem Zielbild, das mein Problem löst und dabei alle Bedenken der Schutzengel berücksichtigt, an alle drei gemeinsam."

Während Sie das Bild ansehen, gibt es einige wichtige Sätze, die für Ihr Unterbewußtsein vielleicht von Bedeutung sind:

– Alles, was ich esse, verwandelt sich in Gesundheit und Schönheit.

– Ich verdiene den Genuß, den ich durch das Essen habe.

– Ich gefalle mir – ob ich esse oder nicht.

– Eine unendliche Intelligenz in mir tut immer das richtige, um mein Idealgewicht zu halten. Alle Nahrung, die für mich verlockend ist, ist gut für mich, und ich esse aus Vergnügen.

– Mein Stoffwechsel reagiert auf die neuen Anweisungen, die ich ihm gebe. Alle Nahrung, die mich verlockt, ist auch gut für mich. Alles andere lasse ich stehen. Ich bin sicher, daß ich allein durch die Kraft meines Geistes abnehmen kann.

– Es ist leicht für mich, abzunehmen, wenn ich mein neues Ich auch äußerlich leben will und dafür langsam neue Verhaltensweisen entwickle. Ich bin mir sicher, daß ich dieses Problem lösen kann, und weiß, daß es mir in jeder Hinsicht von Tag zu Tag besser geht.

– Ich bin schlank und gutaussehend, glücklich und
gesund, vital und erfolgreich.

– Ich bin innerlich schlank, gesund, beweglich und
begehrenswert; ich werde es auch äußerlich sein und
in meiner neuen Figur zeigen.

– Es geht mir jeden Tag in jeder Hinsicht immer besser, und in kurzer Zeit werde ich mein Ziel erreicht
haben.''

Sie nehmen sich noch etwas Zeit und lehnen sich ganz
entspannt zurück, um mit Ihrem Grundumsatz richtig
in Verbindung zu treten.

,,Langsam ziehen sich die Bilder zurück, und ich
weiß, daß ich dieses Problem – wie alle anderen –
aus eigener Kraft lösen kann. Ich bin ganz sicher, denn
ich sehe die Lösung ständig vor mir. Ich liebe dieses
Lösungsbild. Es beseelt mich, und es hilft mir, neue
Lebensweisen zu entwickeln, die mit meinem äußeren
Idealgewicht übereinstimmen.

Ganz langsam mache ich mich bereit, wieder in das
Hier und Jetzt zurückzukehren.

Ich sehe mich nochmal in meinem Entspannungsraum um; vielleicht gibt es noch etwas, das ich erledigen möchte – entweder auf der Leinwand oder
zusammen mit dem blauen Spiegel oder auch sonst-
wie.''

Ich lasse Ihnen dafür jetzt etwas Zeit. Und Sie sollten genau das tun, was für Sie jetzt am besten ist; sagen Sie sich:

,,Immer wenn ich diese Alpha-Übung mache, werde
ich positive Wirkungen empfangen.''

Allmählich ziehen sich die Bilder zurück, ich setze
mich auf meinem Ruhesessel langsam auf und begin-
ne, diesen Raum zu verlassen. Ich gehe zur Tür, und
weiß, daß dahinter ein Fahrstuhl auf mich wartet. Ich

zähle nun von eins bis fünf, und bei fünf bin ich ganz
wach und geistig frisch im Hier und Jetzt.

Alle Energie, die ich nun brauche, nehme ich mit,
und ich fühle mich wohl und zufrieden, wenn ich wieder in das Hier und Jetzt zurückgekehrt bin.

Eins:
Der Fahrstuhl fährt aufwärts.

Zwei:
Er steigt höher und höher.

Drei:
Ich werde langsam wacher.

Vier:
Vorsichtig strecke ich meine Beine und Arme.

Fünf:
Ich mache meine Augen auf und bin ganz wach im
Hier und Jetzt.

X. Kapitel

Phase 3: Die Animation oder die Sehnsucht nach der neuen Figur

„Wenn du ein Schiff bauen willst, so trommle nicht Männer zusammen, um Holz zu beschaffen, Aufgaben zu vergeben und die Arbeit einzuteilen, sondern lehre die Männer die Sehnsucht nach dem weiten, endlosen Meer."

Diese Einsicht von Antoine de Saint-Exupéry hilft uns auch bei der Lösung des Schlankheitsproblems:

Statt Kalorien zu zählen, sprich Holz zu sammeln und Schiffe zu bauen, geht es um Ihre innersten Wünsche und Sehnsüchte! Der Glaube versetzt Berge, und das Schlankwerden gelingt Ihnen um so leichter, je mehr Sie sich für Ihr Ziel und Ihr Leben mit der schlanken Figur begeistern können. Sie müssen von Ihrem Wunsch, schlank zu werden, magisch angezogen sein; dann werden andere Verlockungen Sie überhaupt nicht mehr erreichen können! Zur Klarheit in den Gedanken kommt die Anziehungskraft dieser Gedanken noch hinzu.

Was Leistungssportler schon lange praktizieren, kann auch jeder für sich selbst anwenden: Spitzensportler sehen sich als Sieger auf dem Podest, fühlen sich als Sieger, hören die Zuschauer jubeln, lange bevor sie zu einem schweren Wettkampf antreten!

Wer jubelt Ihnen zu, wer beglückwünscht Sie, wenn Sie schlank sind? Eine junge Frau lernte Bauchtanzen und fühlte sich als orientalische Prinzessin, die nur von den Speisen nippt! Ein bekannter Torwart stellte sich vor, er wäre ein Jäger und der Ball die Beute. Eine Tennisspielerin glaubte fest daran, daß sie wie die junge Margret Thatcher wirke, wenn sie mit Sicherheit und Zuversicht spielt. Ein Segler, der immer verlor, wenn er in Führung lag, gewann, weil er sich vorstellte, er sei Orpheus. ,,Ja", meinte er, ,,der Orpheus aus der Sage. Ich kann die schöne Frau nur gewinnen, indem ich mich von dem Geschrei der anderen nicht ablenken lasse. Wenn ich mich nämlich umdrehe, werde ich zu Stein!" Die Tatsache, daß er die Sage nicht ganz korrekt in Erinnerung hatte, daß Orpheus sich tatsächlich umdrehte, aber nicht zu Stein wurde, sondern die Frau auf ewig verlor, ist in diesem Zusammenhang nebensächlich.

Können Sie sich ein Leben mit Ihrer neuen Figur interessant, aufregend, hinreißend, innerlich mit allen Sinneswahrnehmungen vorstellen?

Spätestens hier, bei der Überprüfung, ob Ihr neuer Figurenfilm Sie auch begeistert, so daß Sie Lust haben, ihn immer wieder innerlich ablaufen zu lassen, stellt sich heraus, ob die Analysephase die Ansprachephase umfassend genug geplant hat. Fragen Sie sich, ob Sie sich in allen Szenen Ihres Figurenfilms mit wirklicher Begeisterung über sich selbst wiederentdecken.

Wie merken Sie selbst, ob Sie für Ihr Ziel motiviert sind?

Sie sehen zum Beispiel im Fernsehen Menschen, die über ihr Hobby oder ein Thema, das sie sehr begeistert, berichten. Wenn Sie genau hinsehen, zeigt der Körper drei charakteristische Merkmale der Begeisterung:

1. Die Augen werden rund, strahlend und groß.
   Man spricht hier von sogenannten weichen Augen,
   mit denen man eine sehr große Fläche wahrnehmen
   kann.

2. Der Körper ist ein wenig nach vorne geneigt – bei
   Rechtshändern meistens nach vorne rechts.

3. Die Atmung ist ruhiger und die Stimme tiefer.

Wie erschafft man sich nun innerlich beseelte Filme?
Hier gibt es neue Erkenntnisse, die es jedem von uns
ermöglichen, mit einer einfachen Anleitung das innere
Bildvermögen zu stärken und sich ganz leicht innere
Bilder, Töne, Gespräche und Gefühle vorzustel-
len.
Genaueres erfahren Sie darüber in Kapitel XI.

XI. Kapitel
Das 3-A-Modell als Ganzes

Setzen Sie sich entspannt hin; lehnen Sie sich bequem an. Vielleicht legen Sie beruhigende Musik auf, wie etwa Largos aus der Barockmusik. Atmen Sie nun tief ein und aus, und entspannen Sie die Muskeln im Kopf, in den Schultern, im Nacken, im Rücken, im Becken, in den Beinen und in den Füßen.

1. Schritt: Konstruktion von Bild und Film

Verlagern Sie den Körper nach hinten, und neigen Sie auch den Kopf nach hinten.

Für die Bildkonstruktion verlagern Sie nun zusätzlich das Gewicht auf die rechte Körperhälfte. Hier ist die Möglichkeit von zukünftigen Vorstellungen für das Gehirn am ehesten gegeben.

Stellen Sie sich ein Kalenderblatt mit dem Datum vor, an dem Sie Ihr Figurenziel erreicht haben werden. Stellen Sie sich Ihre Umgebung und die Jahreszeit vor, – alles, was Ihnen hilft, um sich ein Bild davon zu machen, wie Ihre Umgebung zum Zeitpunkt Ihrer Zielerreichung aussieht.

Was tragen Sie, welche Farben, welchen Haarschnitt? Können Sie Ihr Gesicht sehen? Wie wirken Sie? Wie sehen Oberkörper, Arme, Taille, Po, Beine aus? Sie sehen sich alles ganz genau an und gestalten dieses Bild mit weiteren Details aus, so daß Sie sich in Ihrer neuen Figur ganz vertraut vorkommen.

Nehmen Sie sich Zeit, wenn das nicht auf Anhieb funktioniert! Steigen Sie vielleicht bei dem Musikton oder dem Wohlgefühl an sich in Ihren Komplett-Film ein.

Wenn es Ihnen gelingt, ein solches Bild Ihrer Figur zu konstruieren, folgt der nächste Schritt: Testen Sie, ob Ihr Unterbewußtsein dieses Bild in der Erinnerung gespeichert hat.

Test des 1. Schrittes: Das neue Figurbild

Wie gut können Sie sich erinnern? Verlagern Sie Ihren Körper von rechts nach links, der Kopf bleibt dabei weiterhin nach hinten geneigt, aber zusätzlich noch etwas nach links hinüber. Sie erinnern sich nun ganz intensiv, wie Ihr neuer Figurenfilm aussieht. Es muß ganz leicht für Sie sein und schnell gehen. Wenn Sie nur ein undeutliches Bild sehen oder nur verschwommene Konturen, dann bewegen Sie sich nochmals nach rechts, stellen sich ein klares Bild vor und photographieren das Ganze innerlich.

Wechseln Sie so lange von rechts nach links, bis Sie rechts ein klares Bild sehen und sich links sehr deutlich an dieses Bild erinnern können. Als nächsten Schritt lassen Sie das Bild rechts zu einem Film werden, der erst langsam läuft — scheinbar wie in Zeitlupe — und anschließend im Normaltempo. Wiederholen Sie diese Vision links, um festzustellen, ob Sie sich immer wieder an diesen Film erinnern können. Um sich schnell daran erinnern zu können, geben Sie dem Bild beziehungsweise dem Film einen Namen!

2. Schritt: Die Tonspur

Neigen Sie den Körper und den Kopf leicht nach rechts, so daß das rechte Ohr sich auf die rechte Schulter neigt, und setzen Sie sich in die Position, die Sie einnehmen, wenn Sie etwas ganz genau hören wollen. Nun hören Sie sich sprechen. Was sagen Sie?

Mit wem sprechen Sie? Wie ist Ihre genaue Tonhöhe, Ihr Sprechrhythmus? Welche Worte hören Sie sich und andere sagen? Gibt es weitere Gespräche, Geräusche und Töne in Ihrem neuen Film? Welche Hintergrundgeräusche hören Sie? Schauen Sie sich, während Sie die neue Tonspur konstruieren, zusätzlich Ihr Idealbild an, und stellen Sie fest, ob alles noch zusammenpaßt. Falls Sie Ihr Bild mit der Tonspur verändern, müssen Sie natürlich auch Ihre bildliche Erinnerung wieder überprüfen.

Test des 2. Schrittes: Die neue Tonspur

Verlagern Sie Ihre Körperhaltung von rechts nach links vorne, und drehen Sie den Kopf zur linken Schulter. Können Sie jetzt hören, was in der Szene Ihres neuen Bildes gesprochen wird? Können Sie hören, was Sie selbst sagen? Hören Sie auch die Hintergrundgeräusche? Hören Sie ganz genau hin, ob Sie alles verstanden haben, ansonsten gehen Sie auf die rechte Seite des Körpers zurück und konstruieren die Tonspur noch einmal genauer.

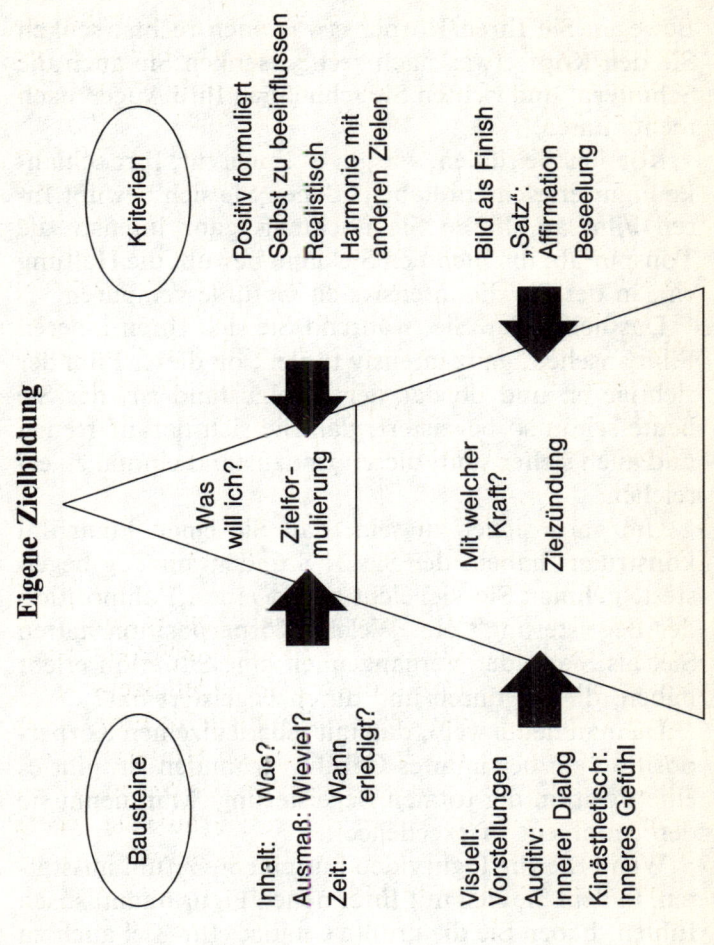

Eigene Zielbildung

Bausteine

Inhalt: Was?
Ausmaß: Wieviel?
Zeit: Wann erledigt?

Visuell: Vorstellungen
Auditiv: Innerer Dialog
Kinästhetisch: Inneres Gefühl

Was will ich?
Zielformulierung

Mit welcher Kraft?
Zielzündung

Kriterien

Positiv formuliert
Selbst zu beeinflussen
Realistisch
Harmonie mit anderen Zielen

Bild als Finish
„Satz":
Affirmation
Beseelung

119

3. Schritt: Das Gefühl der Begeisterung für die schlanke Figur

Bewegen Sie Ihren Körper etwas nach rechts, senken Sie den Kopf etwas nach rechts, senken Sie auch die Schultern, und richten Sie schließlich Ihre Augen nach rechts unten.

Können Sie fühlen, wie gut es Ihnen tut, Ihre schlanke Figur erreicht zu haben? Sehen Sie sich bewußt Ihren Film an, hören Sie nochmals ganz intensiv die Tonspur ab, und nehmen Sie dann bewußt die Haltung ein, in der Sie die intensivsten Gefühle verspüren.

Das heißt, daß Sie, während Sie sich Ihren inneren Film ansehen, ganz intensiv fühlen, ob dieser Film der richtige ist und ob das der Idealzustand ist, der Sie heute schon so begeistert, daß Sie sich darauf freuen und auch sicher sind, diesen Endzustand einmal zu erreichen.

Um ganz sicher zu sein, daß Sie einen Figurfilm konstruiert haben, der Sie 24 Stunden am Tag begeistert, nehmen Sie vielleicht zuerst eine ,,Fühlposition der Begeisterung'' ein. Welche Körperposition hatten Sie, als Sie in der Vergangenheit eine Situation erlebt haben, die Sie durch und durch begeistert hat?

Da man heute weiß, daß mit jeder einzelnen Körperposition ein bestimmtes Gefühl verbunden ist, gibt es eine Position der totalen Begeisterung: Man nennt sie den ,,moment of excellence''.

Wenn Sie Ihr Figurvideo mit einem Gefühl ausstatten, in dem Sie sich mit Ihrer neuen Figur phantastisch fühlen, haben Sie die größte Chance, Ihr Ziel auch zu erreichen!

4. Schritt: Begeisterung einplanen

Planen Sie ein Gefühl totaler Begeisterung für Ihren Idealfilm.

Sie haben jetzt Ihre Sitzhaltung gefunden, in der Sie sich in einer bestimmten Weise für Ihre Ziele und Tätigkeiten begeistert haben. Wenn Sie jetzt den Kopf aufrichten, um sich kurz Ihr ideales Figurvideo zugänglich zu machen, passen dann die Bilder, die Tonspur und das Gefühl zusammen?

Können Sie dieser besonderen inneren Sichtweise, der Tonspur und Körperhaltung einen bestimmten Namen geben, damit Sie sich selbst in Phasen der schnellen Entscheidung dieses Losungswort zurufen können, um sich damit an Ihren Figurfilm zu erinnern und die richtige Position und Körperhaltung der Begeisterung einnehmen? Das Ziel dabei ist, daß Ihr Unterbewußtsein lernt, was Sie sich in Ihrem Leben wünschen!

Ganz besonders wichtig:

Solange der innere Figurfilm Sie nicht begeistert, geht Ihre Arbeit als Regisseur weiter. Es kann auch sein, daß es Ihnen zu Anfang gar nicht so leicht möglich ist, klare Bilder zu erschaffen. Aber auch hier geht es darum − wie die Chinesen sagen − aus großen Problemen kleine zu machen und aus kleinen Problemen am besten gar keine. Nehmen Sie das, was Sie im Augenblick am besten können, und erweitern Sie langsam die Bandbreite Ihrer Fähigkeiten.

Ein inneres klares Bild der gewünschten Figur ist ein Kennzeichen natürlich schlanker Menschen, und diese Fähigkeit läßt sich lernen!

5. Schritt: An der richtigen Stelle aufhören: Satt angesichts der Idealfigur

Ihren inneren Figurfilm verknüpfen Sie nun mit Ihren Sättigungsgefühlen! Sie lehnen sich entspannt zurück und denken an eine Situation zurück, in der Sie sich satt fühlten. Spüren Sie, wo und wie Sie das Gefühl hatten, satt zu sein.

Um die Idealfigur mit dem Hunger- und Sättigungsgefühl zu verbinden, müssen Sie noch intensiver auf das Unterbewußtsein einwirken. Dazu gibt es eine weitere Methode, die die Bildvorstellung mit der Tiefenentspannung verbindet — Sie erfahren mehr darüber in Kapitel XII.

XII. Kapitel

Die Neuentscheidung auch in der Zukunft sichern

1. Den Glauben an die eigene Fähigkeit wiedergewinnen

Alle Ziele beziehen sich auf die Zukunft und die Art, wie wir uns die Zeit vorstellen – und zwar Vergangenheit, Gegenwart und Zukunft. Sie bildet letztlich die Grundlage für unsere Fähigkeiten. Unsere Zielplanung ist besonders erfolgreich, wenn wir uns auch die Fähigkeit, diese Ziele zu erreichen, zutrauen. Dieses Zutrauen haben wir oft in ganz früher Jugend verloren, das heißt, der Glaube, die eigene Figur selber bestimmen zu können, ist durch elterliche Zusprüche, Redewendungen oder Vorbilder außer Kraft gesetzt worden. Wie kann man seinen Glauben wiedergewinnen?

Hier hilft uns die Möglichkeit, daß unser Gehirn die Erfahrungen in bezug auf die Zeit ganz kontinuierlich ordnet. Die eigene Zeitordnung, genannt Zeitlinie, gibt uns die Möglichkeit, im Hier und Jetzt auf unserer Zeitlinie zurückzugehen, zum Beispiel zu dem Zeitpunkt, an dem unser jüngeres Ich sich für eine bestimmte Haltung gegenüber unserer Figur entschieden hat. Durch die Anordnung unserer Zeitvorstellungen der Vergangenheit können wir an diesen Ort zurückgehen, mit dem jüngeren Selbst sprechen und feststellen, welche Information uns zu der damaligen Zeit bewogen hat, den Glauben an das eigene Figurprogramm zu verlieren. Was waren Ihre Beweggründe für diese Entscheidung?

Haben Sie Lust, festzustellen, wie Sie lange zurückliegende Entscheidungen nachträglich ändern können?

Ein Weg dahin ist die Festlegung Ihrer Zeitlinie, das
heißt, der eigenen zeitlichen Anordnung Ihrer vergangenen, gegenwärtigen und zukünftigen Erfahrungen.

1. Denken Sie zuerst an irgendein alltägliches Verhalten, das Sie – wie das Zähneputzen oder Frühstücken – sowohl in der Vergangenheit zeigten als
   auch in der Zukunft weiterhin zeigen werden. Vielleicht nehmen wir das Zähneputzen:

2. Denken Sie darüber nach, auf welche Weise Sie dieses Verhalten vor langer Zeit verinnerlicht hatten.
   Überlegen Sie dann, wie Sie sich kürzlich verhalten
   haben. Denken Sie daran, wie Sie es in der Gegenwart handhaben. Dann stellen Sie sich vor, wie Sie
   es in naher Zukunft tun und schließlich in der ferneren Zukunft handhaben werden.
   Wichtig ist bei diesen verschiedenen Zeitvorstellungen den Inhalt konstant zu halten, also wie in unserem Beispiel sich immer am Zähneputzen zu
   orientieren. Der einzige Unterschied liegt im Zeitpunkt des Tuns.

In der Regel ordnen wir unsere weit zurückliegenden
Erfahrungen links in unserem Gehirn an und die weit
entfernte Zukunft rechts. Es fällt uns leicht, diese innere Zeitlinie zu erkennen, wenn wir uns vorstellen,
wohin wir mit den Händen zeigen, wenn etwas weit zurückliegt. Zeigen Sie als Rechtshänder nach links?

Es gibt sehr viele Möglichkeiten für die Zeitlinie.
Die gebräuchlichste ist die Lage von links nach rechts.

Wenn Sie diese Linie innerlich ganz genau vor sich
sehen können, vielleicht bis zurück in Ihre ersten Lebensjahre und vorwärts, bis dahin, wo Sie denken, daß
Sie wirklich alt werden, dann markieren Sie den gegen-

wärtigen Punkt – also den Punkt, an dem sich für Sie das Hier und Jetzt befindet – ganz deutlich, vielleicht mit einem Kissen oder einem anderen Gegenstand.

Der Körper spiegelt die Benutzung der Sinnesorgane wider

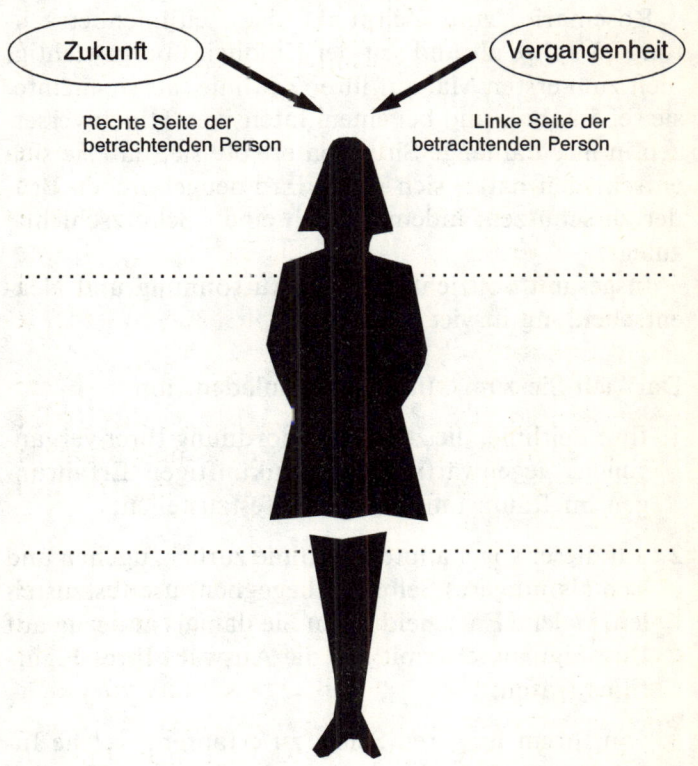

Annahme: Rechtshänderin.

Gehen Sie nun mit allen Ihren inneren Erfahrungen in die Vergangenheit zurück, indem Sie Schritt für Schritt neben Ihrer Zeitlinie entlanggehen und sich nur mit einer Frage beschäftigen: Wann habe ich persönlich wichtige Entscheidungen oder wichtige Änderungen in meinem Leben in bezug auf meine Figur vollzogen?

Gehen Sie immer weiter zurück. Meistens zeigen sich die gleichen Ereignisse zu verschiedenen Zeitpunkten.

Rosemarie, zum Zeitpunkt der Zeitlinienbetrachtung 25 Jahre alt und seit der Kindheit übergewichtig, hielt zum ersten Mal auf ihrer Zeitlinie, als sie meinte, sie sei 5 Jahre, und bei einem intensiven Hineinversetzen in ihre damalige Situation erlebte sie, daß sie sich entschieden hatte, sich gegen ihre neugeborenen Brüder zu schützen, indem sie sich eine „Schutzschicht" zulegte.

Insgesamt vollzieht sich die Aussöhnung und Neuentscheidung in vier Schritten:

Darf ich Sie zum Mitmachen einladen, um

1. Ihre Zeitlinie, die zeitliche Anordnung Ihrer vergangenen, gegenwärtigen und zukünftigen Erfahrungen im Raum um Sie herum festzustellen;

2. auf dieser sogenannten Zeitlinie zurückzugehen und sich als jüngeres Selbst zu begegnen, um festzustellen, welche Entscheidungen Sie damals in bezug auf Ihre Figur und damit auf die Auswahl Ihres Figurfilms trafen;

3. von Ihrem jüngeren Selbst zu erfahren, welche Informationen gefehlt haben, die Sie heute kennen und die Ihrem jüngeren Selbst eine Neuentscheidung auch schon damals ermöglicht hätten;

4. sich mit dem jüngeren Selbst auszusöhnen und es mit in die Gegenwart und Zukunft zu nehmen.

2. Die Zukunft gestalten

Ebenso wie Sie Ihre vergangenen Entscheidungen erkennen und revidieren können, können Sie Ihre Zukunft gestalten und auf Ihrer Zukunfts-Zeitlinie Ihre Ziele vertiefen.

1. Schritt

Sie stellen sich Ihr Ziel ganz plastisch vor, und zwar mit allen Sinneswahrnehmungen, die zum Ziel gehören, wie Bilder, Gespräche, Geräusche, Geschmack, Düfte, und Sie spüren, ob Sie Ihr Ziel innerlich begeistert. Jetzt wählen Sie für dieses Ziel ein Symbol, oder Sie malen ein Bild davon.

2. Schritt

Sie haben Ihre Zeitlinie bestimmt und festgestellt, wo im Raum − von Ihnen aus gesehen − Ihre Zukunft liegt.

3. Schritt

Tragen Sie Ihr motivierendes Ziel, das Symbol oder die Zeichnung in Richtung auf die Zukunft ein, und legen Sie es auf die Zeitlinie.

4. Schritt

Gehen Sie an Ihrer Zeitlinie entlang zum zukünftigen Zeitpunkt, an dem Sie dieses Ziel verwirklicht haben wollen. Gehen Sie in die Zeitvorstellung hinein und erleben Sie mit allen Sinnen, wie es ist, wenn Sie in einem Zeitpunkt der Zukunft dieses eine Ziel erreicht haben werden.

5. Schritt

Gehen Sie einen Schritt weiter über diesen Zeitpunkt hinaus in die sozusagen vollendete Zukunft. Prüfen Sie, ob Sie in Zielharmonie mit allen anderen Zielen sind, und schauen Sie aus dem Erlebnis der Zukunft in die Gegenwart zurück.

6. Schritt

Gehen Sie vom gewählten Punkt der Zielerreichung in der Zukunft langsam entlang der Zeitlinie zur Gegenwart zurück. Sie hat sich schon, da etwas Zeit vergangen ist, in Richtung Zukunft verschoben. Schauen Sie sich nochmals vom Hier und Jetzt aus die neugeschaffene Zukunft an. Haben Sie ein gutes Gefühl? Sind Sie mit dem, was Sie erlebt haben, zufrieden, und möchten Sie, daß eine solche Zukunft auf Sie wartet?

Testen Sie nach dem sechsten Schritt, ob Sie Ihre Begeisterungshaltung automatisch einnehmen, denn dann gelingt das Schlankwerden umso leichter.

3. Sich selbst ständig motivieren

Hilfen während der Lernphase

Da die Schutzengel Ihre neuen Videos erst verstehen und verarbeiten müssen, kann es passieren, daß Sie in alte Denkweisen, alte Videos und altes Eßverhalten zurückfallen. Vielleicht geht es Ihnen auch so, daß Sie an allem verzweifeln und den Glauben verlieren. Eine Kurzhilfe ist hier die Technik der Assoziation beziehungsweise der Dissoziation.

Bei der Assoziation geht es darum, die Welt um sich herum mit allen Sinneskanälen wahrzunehmen. Man erlebt alles aus erster Hand, sieht alles mit eigenen Augen und erlebt die Situation, als ob man sie im Augenblick durchlebt.

Sehr gute Sportler, vor allem begabte Tennisspieler, schauen sich ihre erfolgreichen Schläge und ihre Siege immer wieder an und versetzen sich immer wieder in den Augenblick zurück, indem sie den entscheidenden Punkt machten.

Man kann sich mit dieser inneren Vorstellung selbst stärken, indem man gute Situationen aus seiner Erinnerung abruft, um sich daran aufzurichten – und zwar gerade dann, wenn man Fehler gemacht oder Rückschläge erlebt hat. Unser Gehirn kann nicht unterscheiden, ob die Situation im Augenblick oder schon vor längerer Zeit erlebt wurde. Zu jeder Erfahrung gibt es einen inneren Komplett-Film, und wenn wir diesen wieder abspielen, kann man die wohligen Gefühle einer gelungenen Situation immer wieder beleben und sich auf diese Weise selbst stärken. Wir sind also durch diese Technik in der Lage, unsere Gefühle zu verändern und uns immer dann, wenn wir es wollen, angenehme Gefühle „einzuspielen".

Ein Geheimnis des positiven Denkens ist genau diese Fähigkeit – sich in vergangene positive Erlebnisse hineinzuversetzen und sich diese Situation auf Abruf immer wieder vergegenwärtigen zu können, um mit diesem guten Gefühl, mit dieser inneren Kraft neue, unbekannte Situationen zu bewältigen. Situationen, die unbewältigt, mit schlechten Gefühlen zu Ende gegangen sind, wurden meistens als „Horrorvideo" genauso abgespeichert.

Manche Menschen haben die Gabe, nur ihre Mißerfolge in ihr Video einzulegen und sich daraufhin für immer und ewig unfähig und wertlos zu fühlen. Gerade beim Thema „Schlankheit" geschieht das leicht, weil unsere Figurvideos, die wir ja durch unsere Neuentscheidungen ändern wollten, sehr beständig sind; wir haben sie bereits 20 oder 30 Jahre lang in uns und sie natürlich entsprechend gepflegt!

In dieser Situation ist es wichtig, sich einer zweiten Fähigkeit bewußt zu werden. Bei der sogenannten Dissoziation sieht man sich alles von weitem an. Wir können uns eine Situation als Regisseur im eigenen Kino ansehen, ohne die Gefühle des Schauspielers erleben zu müssen.

Um das deutlich zu machen, ist es vielleicht zuerst einmal interessant, eine Beobachtungshaltung mit dem eigenen Körper einzunehmen, um sich die Gefühle des Beobachters deutlich zu machen. Ein Beobachter, ein Regisseur, hat die Gefühle eines Betrachters, aber nicht die Gefühle eines Handelnden in dieser Situation (das wäre die assoziative Haltung).

Wichtig ist es, sich am Anfang der Betrachterposition sehr bewußt zu werden. Gerade wenn uns auf dem Weg zu unserer neuen Figur etwas mißlungen ist, ist es wichtig, in diese Betrachterrolle hineinzuschlüpfen und sich den ganzen Vorgang von außen anzusehen, ohne die belastenden Gefühle aus der Situation selbst noch einmal zu erleben.

Nur so kann man aus Fehlern lernen, ohne sich von Rückschritten erdrücken zu lassen.

4. Jede gewählte Aufgabe mit Genuß bewältigen

Das Unterbewußtsein muß mit den neuen Methoden immer vertrauter werden, und das geht am besten, wenn man sie täglich wiederholt, wie beispielsweise das Alpha-Training für die gewünschte Figur. Wie kann man sich immer neu motivieren, sich mit den Schutzengeln und mit dem Zielfilm zu beschäftigen? Je begeisternder der Zielfilm, umso gesicherter ist die Motivation. Nur gibt es immer wieder Tage, an denen man sich für nichts motivieren kann . . .

Hier hilft die Praliné-Technik:

Erster Schritt

Gibt es etwas, das Sie in Ihrem Leben außerordentlich gern machen, das beim bloßen Gedanken daran gute Gefühle in Ihnen auslöst? Versetzen Sie sich intensiv in eine solche Situation hinein, und erleben Sie assoziiert, wie es Ihnen bei der Beschäftigung, die Sie außerordentlich gern machen, geht. Sehen Sie aus Ihren eigenen Augen, welche Situation es ist, und merken Sie sich innerlich ganz genau die Bilder, die Töne, die Gefühle, den Geruch und den Geschmack, der zu dieser gewünschten Situation paßt.

Zweiter Schritt

Sehen Sie sich von außen zu, wie Sie eine Aufgabe erledigen, zu der Sie sich aufgrund Ihrer Zielplanung entschlossen haben. Sehen Sie das Bild von sich dissoziiert, also von außen her.

Dritter Schritt

Horchen Sie in sich hinein, überprüfen Sie Ihre Gefühle, ob es innerliche Einwände gegen Ihre neue Aufgabe oder Ihr neues Ziel gibt.

1. Stellen Sie sich das Bild Ihrer selbstgewählten Aufgaben vor Ihrem geistigen Auge vor, und stellen Sie sich das motivierende Bild gleich dahinter vor. Öffnen Sie schnell ein kleines Loch im Zentrum des Bildes der Aufgabe, so daß Sie das Bild Nr. 1, das Sie sehr anregt, durch das Loch sehen können. Öffnen Sie das Loch so weit, wie es nötig ist, bis Sie die guten Gefühle vollständig erleben.

2. Lassen Sie das Loch jetzt schnell zusammenschrumpfen, aber nur so schnell, wie Sie die Gefühle der angenehmen Szene aufrechterhalten können.

3. Wiederholen Sie die Schritte 1) und 2) mehrfach so schnell Sie können. Das Ziel ist es, das Gefühl des motivierenden Bildes mit dem des Aufgabenbildes zu verbinden.

Fünfter Schritt

Schauen Sie sich innerlich das Bild der Aufgabe noch einmal an. Fühlen Sie sich zu der Aufgabe schon mehr hingezogen? Wenn nicht, wiederholen Sie den vierten Schritt, oder gehen Sie zurück zu den vorhergehenden Schritten, bis die gewählte Aufgabe Sie motiviert!

5. Das passiert mir immer wieder, und ab jetzt nie mehr!

Plötzlich schlägt die Stimmung um! Während alle Geburtstagsgäste bisher über die Witze eines Erzählers herzlich lachten, scheint plötzlich alles zu Ende zu sein. Ein Tabu wurde gebrochen und löst eine völlig neue Stimmungssituation aus! Wer kennt solche Situationen nicht? Manchmal genügt zum Stimmungsumschwung schon das Erscheinen einer im Haushalt nicht beliebten Person, um jede Unterhaltung zum Versiegen zu bringen und jede Stimmung in ein feindseliges Schweigen umschlagen zu lassen. Das alles geht blitzschnell, und wir merken es meist nur, wenn dieser Umschwung vom Positiven zum Negativen erfolgt.

Warum sollte man sich ein solches Umschwenken nicht in der umgekehrten Richtung nutzbar machen, gerade, wenn das Unterbewußtsein lernt, eine neue Figurvorstellung zu akzeptieren. Wenn die Erinnerungen in bestimmten Situationen so mächtig werden, daß das alte übergewichtige Figurbild wieder auftaucht, dann bedeutet so ein innerer Umschaltprozeß *die* große Chance, daß neue schlanke Bild zu stabilisieren.

Erster Schritt

Auswählen einer Situation, in die man immer wieder hineingerät, die man aber ändern möchte! Zum Beispiel kann es sein, daß ein bestimmtes Maß an Streß die inneren Bilder zum Umkippen bringt und man sich wieder in seinen Schutzpanzer zurücksehnt. Das alte Bild taucht auf, und man ißt entsprechend mehr, als es dem neuen Bild entspricht. Nächtliche Gänge an den Eisschrank sind solche Situationen, die man mit dieser Umschalttechnik für immer verhindern kann.

Zweiter Schritt

Erinnern und besinnen Sie sich, was Sie innerlich sehen, hören oder fühlen, kurz bevor das Verhalten automatisch seinen Lauf nimmt. Dieses sogenannte Auslöserbild kann aber auch ein Auslöserwort oder -satz sein; damit verbunden ist immer ein bestimmtes Gefühl und auch eine bestimmte Körperhaltung.

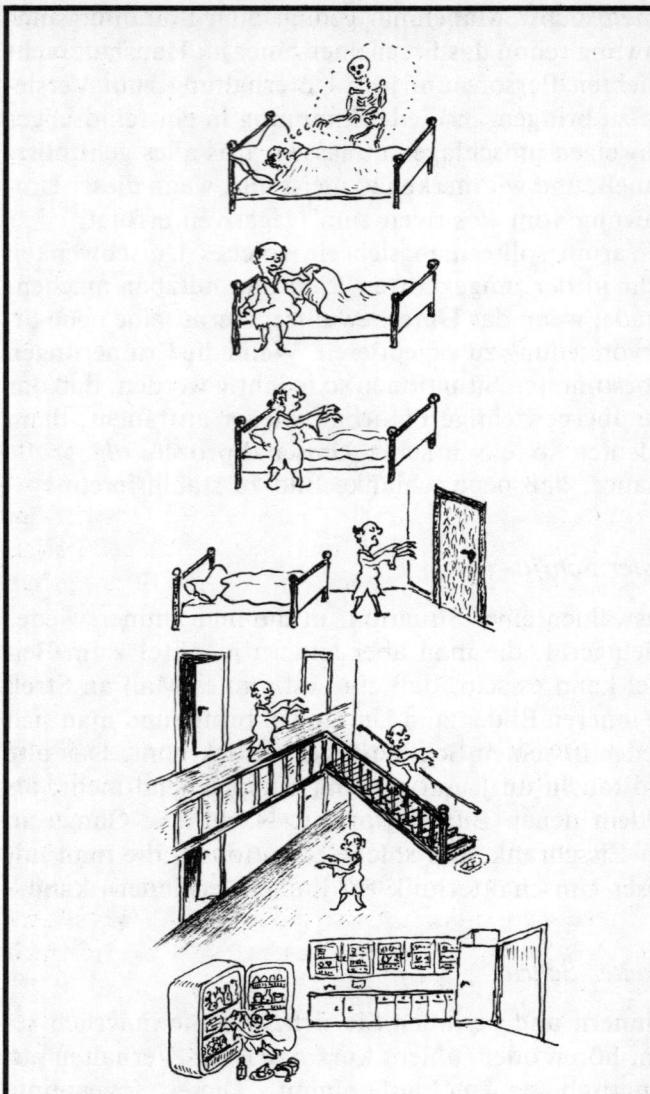

**Nächtliche „Eisschranküberfälle" gehören der
Vergangenheit an!**

Gehen Sie in dieses Auslöserbild hinein, versetzen Sie sich in eine Situation zurück, in der Sie beispielsweise nachts an den Eisschrank gingen — und zwar im assoziierten Zustand, so als ob Sie vielleicht gerade aus dem Bett gestiegen seien, und sehen Sie die Umgebung mit Ihren eigenen Augen.

Dritter Schritt

Der dritte Schritt ist die Entscheidung darüber, was an Stelle des nicht gewünschten Verhaltens passieren soll. Wie möchte ich mich in einer solchen Situation verhalten? Ich sehe mich von außen, also als ein dissoziiertes Bild mit einer neuen Fähigkeit und damit als Person, die mit dem impulsiven nächtlichen Gang zum Eisschrank gut umgehen kann. Nicht ein Verhalten, sondern eine innere Fähigkeit, mit einer Problemsituation — dem Umschlagen von Bildern — sinnvoll umgehen zu können, wird innerlich vorgestellt.

Vierter Schritt

Stellen Sie sich das Auslöserbild hell und groß vor, und setzen Sie das gewünschte Zielbild klein und dunkel in eine Ecke des großen Auslöserbildes hinein.

Verkleinern Sie in einer Sekunde jetzt das große helle Bild des nicht gewünschten Auslöserverhaltens, und lassen Sie währenddessen das kleine dunkle Zielbild zu einem großen hellen Bild wachsen, so daß nur noch dieses vor dem inneren Auge besteht.

Dieser ganze Wechselvorgang muß gleichzeitig passieren, also nicht nacheinander, und er darf nur eine Sekunde lang dauern.

Fünfter Schritt

Schließen Sie danach die Augen, nehmen Sie innerlich Abstand und wiederholen Sie dieses Umschalten noch viermal in der gleichen Geschwindigkeit und Richtung.

Sechster Schritt

Sehen Sie das Auslöserbild noch einmal innerlich an — es müßte seine Wirkung verloren haben.

6. Das ganze Modell

Über die 3-A-Methode haben Sie nun den motivierenden Film Ihrer Wunschfigur gestaltet!

Im Wachzustand verstärken Sie Ihre Körperhaltung, Augenstellung und Ihre innere Wahrnehmung bei jeder möglichen Gelegenheit.

Sie haben im Alpha-Zustand Ihre Hunger- und Sättigungsgefühle durch Ihre Schutzengel mit Ihrer Wunschvorstellung verknüpft, bis Sie Ihren neuen Figurfilm verinnerlicht haben, so daß Sie genau das an Nahrung auswählen, was Sie für Ihre neue Figur brauchen.

Sollten Sie jedoch wider Erwarten von einem unbezähmbaren Eßanfall übermannt werden — hier die Vier-Stufen-Technik, die vom Auslöser bis zur Anerkennung reicht, um sich am Ziel der ,,neuen Figur'' immer wieder zu orientieren:

1. Auslöser

Von außen kommt etwas Eßbares auf Sie zu – und/oder immer meldet sich ein Hunger- oder Diätgefühl!

2. Überprüfung

Sie überprüfen, ob diese Signale Ihrem neuen Videofilm entsprechen oder möglicherweise noch einem alten Film! Dies können Sie sowohl anhand Ihrer Augenstellung als auch Ihrer Körperhaltung feststellen.

3. Entscheidung

Entscheiden Sie sich nun, ob Sie etwas essen oder nicht, und wenn ja, was Sie essen!
Überprüfen Sie aber immer wieder Schritt zwei.

4. Anerkennung

Die letzte Stufe ist immer die eigene Anerkennung und das Eigenlob.
Wenn all das keine Wirkung zeigt, ist es zweckmäßig, den Zielfilm in bezug auf unbeachtete Ziele nochmals zu überprüfen und ihn gegebenenfalls neu zu gestalten.

In der Fülle schlank nach Wunsch

Das 3-A-Modell

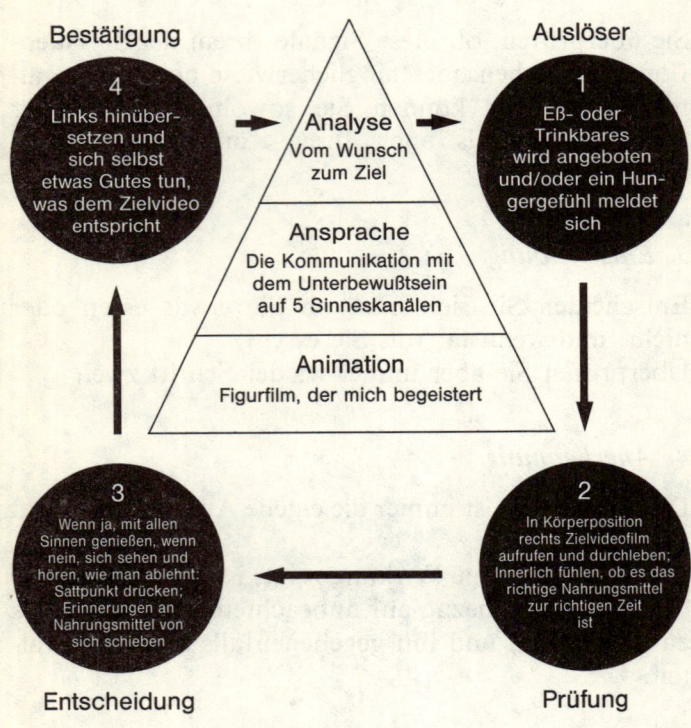

Bestätigung

4
Links hinüber-
setzen und
sich selbst
etwas Gutes tun,
was dem Zielvideo
entspricht

Auslöser

1
Eß- oder
Trinkbares
wird angeboten
und/oder ein Hun-
gergefühl meldet
sich

Analyse
Vom Wunsch
zum Ziel

Ansprache
Die Kommunikation mit
dem Unterbewußtsein
auf 5 Sinneskanälen

Animation
Figurfilm, der mich begeistert

3
Wenn ja, mit allen
Sinnen genießen, wenn
nein, sich sehen und
hören, wie man ablehnt:
Sattpunkt drücken;
Erinnerungen an
Nahrungsmittel von
sich schieben

2
In Körperposition
rechts Zielvideofilm
aufrufen und durchleben;
Innerlich fühlen, ob es das
richtige Nahrungsmittel
zur richtigen Zeit
ist

Entscheidung

Prüfung

**Schlank von innen
heißt:**

Schlank sein =   Essen,
                  wozu man Lust hat!

Schlank sein =   Freude am inneren
                  Gleichgewicht

Schlank sein =   Wissen, wie man wirklich
                  schlank werden kann

Schlank sein =   Lernen mit
                  Spaß,
                  Entdeckerfreude,
                  Humor und
                  Faszination

Schlank sein =   Innerlich und
                  äußerlich eine neue,
                  schlanke Persönlichkeit
                  zu werden

Teil II

100 Attraktivitätstips vom Scheitel bis zur Sohle

1. Frisuren

Bei den Haaren ist ein ähnliches Phänomen wie bei der Haltung zur eigenen Figur zu beobachten.

Menschen, die ihre Haare, Haarfarbe und Haarqualität nicht mögen, befinden sich in einer dauernden Auseinandersetzung damit.

Daher sollte unser Grundsatz sein:

* die Wunschfrisur dem Haar anzupassen.

  Wählen Sie den Scheitel so, wie er von Natur aus fallen würde.

  Beachten Sie dabei den Haarwirbel, und berücksichtigen Sie beim Haarschnitt die Qualität (Festigkeit) der Haare;

* den Pony am besten nur in ein paar Fransen schneiden, so lenkt er von einer hohen breiten Stirn ab und läßt das Gesicht schmäler erscheinen;

* ein Kurzhaarschnitt, der konisch in den Nacken verläuft, macht schmaler;

* die Seitenpartien an den Schläfen und im Gesichtsbereich sollten schmal sein – das läßt die Gesichtsform ovaler erscheinen;

* ein kurz gestuft geschnittener Oberkopf bringt die nötige Fülle für den Hinterkopf und lockert optisch auf;

* ein schräger Scheitel ist bei einem runden Gesicht einem Mittelscheitel in jedem Fall vorzuziehen.

2. Kosmetiktips

* Wählen Sie Schminkfarben, die schmeicheln, und verwenden Sie kräftige Farben nur an den Stellen, die Sie unterstreichen wollen.

* Dunkle Lidschatten können Pölsterchen zurücktreten lassen; helle Farben helfen, tiefliegende Augen mehr in den Vordergrund treten zu lassen.

* Rouge kann dazu dienen, die Backenknochen optisch zu versetzen:
Etwas höher angesetzt und schräg zu den Schläfen hin aufgetragen bewirkt es, daß die Gesichtsform länglicher erscheint; ein dunkler Tupfen auf der Stirn oder auch auf dem Kinn − das heißt, einen Ton dunkler als die Make-up-Farbe − verschmälert die Gesichtsform.

* Augen, die wir als zu rund empfinden, können durch einen verlängerten Lidstrich länglich betont werden. Das gleiche kann mit einem Konturenstift für die Lippen erreicht werden. Auffallende, sehr kräftige Lippenfarben ziehen das Augenmerk auf sich.

3. Wäsche

* Schönheit beginnt innen – das spricht auch für die sorgfältige Wahl der Unterwäsche

* Ideal sind Bodys. Da sie durchgeschnitten sind, keine Pölsterchen durch Einschneiden erzeugen und dennoch das alte Mieder ablösen.

* Modische Slipformen die bis zur Taille reichen und deren Beinausschnitt fast ebenso hoch ist, lassen die Beine länger erscheinen.

* Wenn sie eine kräftige Oberweite haben, sind Büstenhalter mit überkreuzter Verarbeitung nach wie vor die besten. Sie haben einen stützenden, hebenden Effekt.

* Für Schwachstellen an Bauch und Po helfen Miederhöschen mit doppelt eingearbeiteten Stellen – speziell an Bauch und Po –, diese Stellen zu festigen und zu formen.

* Das Selbstbewußtsein wird durch Nachtwäsche, in der man sich auch morgens im Spiegel noch gefällt, gesteigert. Weit geschnittene Hemden, die frech und bunt sein dürfen, sind dafür ideal.

4. Ausschnitt- und Kragenformen

* Ein V-Ausschnitt läßt mehr Haut sehen und verlängert das Gesicht und den Hals optisch.

* Langgezogene Revers bei Kleidern und Kostümen sind ideal bei starker Oberweite.

* Knopfpartien an einem runden Ausschnitt ziehen ebenfalls den Blickpunkt tiefer.

* Bei jeder Bluse oder Hemdform sieht es vorteilhafter aus, wenn die ersten Knöpfe offen gelassen werden, um wie beim V-Ausschnitt etwas Haut zu zeigen.

* Beim Dekolleté sollte beachtet werden, daß der Brustansatz bedeckt bleibt (Ausnahme nur bei Abendgarderobe).

5. Schultern

* Mit Schulterpolstern ist es möglich, abfallende Schultern zu kaschieren und das Gesamtbild zu verbessern.

* Die Breite der Schulterpolsterung sollte so gewählt werden, daß die Schulterpartie nicht zu mächtig zur gesamten Silhouette wirkt (nur wenig breiter als die Hüftpartie).

* Überschnittene und eingekrauste Ärmel sind für große Damen eher geeignet. Bei kleinen, zierlichen Frauen dagegen wirken sie leicht überproportional zur gesamten Erscheinung.

* Schulterklappen gehören durchaus zu den Akzenten, die bei sportlicher Kleidung eine angenehme Ablenkung bilden.

* Raglanschnitte werden für schmale, abfallende Schultern am besten durch eine Polsterung ausgeglichen.

6. Brust

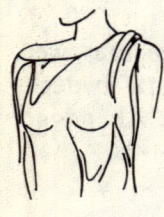

* Querbetonung durch Streifen oder Biesen verbreitert den Oberkörper optisch.

* Schmale, doppelseitig gesetzte Knopfpartien lassen den Oberkörper schlanker erscheinen.

* Große Muster und auffallende Dessins bewirken ebenfalls eine optische Verbreiterung.

* Oberteile, die blusig und etwas überfallend im Rock oder über dem Rock getragen werden, sind vorteilhafter für das Gesamtbild als enganliegende, straff getragene Oberteile.

* Bei großer Oberweite sind leichte, fließende Stoffe ideal.

7. Taille

* Solange man seine Traumtaille noch nicht erreicht hat, empfiehlt es sich, schmale Gürtel – jedoch nicht zu eng – zu tragen.

* Rundgeschnittene Gürtel sitzen besser und haben den Vorteil, daß der Oberkörper länger erscheint.

* Gürtel in der Farbe des Oberteils beziehungsweise in angepaßtem Farbton an das Oberteil haben den gleichen Effekt.

* Durchgeschnittene Kleider oder weite lässig fallende Oberteile lassen das Taillenproblem völlig verschwinden.

* Einschnürungen sind gefährlich, weil sie Pölsterchen hervorheben. Deshalb sollte jeder Rockbund oder auch Gürtel bequem und lose getragen werden (Gürtel eher in der Weite zur Hüfte rutschen lassen).

8. Hüften

* Blusen, Kostümoberteile oder Pullis sind ideal, wenn sie über die Taille reichen.

* In der Taille leicht angekrauste Röcke, die die Hüften nicht breiter erscheinen lassen als den Oberkörper, sind ideal.

* Bei Rock- oder Hosentaschen sollte man darauf achten, daß nur schräg geschnittene Schubtaschen die Hüften optisch verschmälern; alle anderen Taschenarten tragen auf.

* Wie mit der Oberweite verhält es sich auch bei den Hüften: Längsnähte strecken.

* Bei Hosen sollte man weite Hosen mit Bundfalten tragen, die geeigneter sind als enge Hosen.

9. Beine

* Dunkle Strumpffarben machen optisch schlanker.

* Strümpfe, die in der Farbe auf den Rock abgestimmt sind, lassen die Gesamterscheinung größer wirken.

* Bei Mustern in den Strümpfen sind kleine Verzierungen an der Seite oder Längsmuster — wie etwa eine Naht — ideal für Beine, die sich schlank zeigen wollen.

* Rocklängen sind Geschmackssache. Wenn man jedoch mit seinen Beinen beziehungsweise Knien nicht den Idealmaßen entspricht, sollte man kniebedeckte Röcke wählen.

* Wadenlange Röcke mit schwingender Form geben Sicherheit.

10. Zehn Anregungen, die ideale Kleidung zu finden

* Wählen Sie einen Zeitpunkt zum Einkauf, der nicht gerade in die Stoßzeit fällt, denn Ruhe und Überlegung halten von Fehlkäufen ab.

* Machen Sie keinen Umweg um Boutiquen. Es gibt durchaus Modelle, die in Größe 42 so großzügig geschnitten sind, daß sie auch bei Größe 46 passen. Das ist beispielsweise bei Mänteln häufig der Fall.

* Auch die Herrenmode hat etwas zu bieten: Lässige Pullis, Poloshirts und lange T-Shirts können eine Damen-Garderobe durchaus sinnvoll ergänzen.

* Die Umstandsmode hat sich in den letzten Jahren enorm gewandelt. Sie hinkt anderer Kleidung keineswegs hinterher. Wenn Sie rasch abnehmen, sind stufenlos verstellbare Rock- oder Hosenbünde praktisch.

* Spezialgeschäfte, die es sich zum Ziel gesetzt haben, ab Größe 42 ,,stark'' zu sein, mindern die Hemmschwelle, und das Einfühlungsvermögen in Figurprobleme ist dort eher gegeben.
Auch avantgardistische Bekleidungshersteller haben neuerdings unseren Markt ins Auge gefaßt und ihre Kollektionen erweitert.

* Merken Sie sich Kleidungsstücke, deren Schnitt gut sitzt, und suchen Sie an den Innenseiten nach Etikett und Marke. Vielleicht können Sie beim nächsten Einkauf wieder auf diese Firma zurückkommen, denn oftmals werden die Grundschnitte nur ein wenig variiert, um ein neues Kleidungsstück zu kreieren.

* Frustkäufe sind teuer und machen unglücklich. Schenken Sie sich lieber Blumen, wenn sich Ihr Stimmungstief ein Trostpflästerchen wünscht.

* An einem verregneten Sonntag einmal den Kleiderschrank auszumisten, wird Ihnen noch wochenlang gut tun.
  Wahrscheinlich haben auch Sie − wie der größte Teil der Bevölkerung − 50 % des Inhalts im letzten Jahr gar nicht oder nur ungern getragen. Trennen Sie sich von Altem und Ungeliebtem!

* Schauen Sie sich an, welche Kleidungsstücke Sie miteinander kombinieren könnten. Probieren Sie ruhig einmal ein T-Shirt, das Sie noch nie mit einem Kostüm getragen haben, oder einen Gürtel zu einem anderen Rock und so weiter. Mode lebt nämlich auch von dem Spaß, den wir daran haben.

* Machen Sie sich eine Einkaufsliste, die Sie in Ihrem Taschenkalender bei sich tragen. Schreiben Sie sich auf, was Ihrer Meinung nach fehlt, was Sie ergänzen möchten, und was Ihnen Freude machen würde.

11. Farben

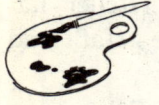

* Bei jeder Kleidung sollte man die Gesamtwirkung in Betracht ziehen: Ton in Ton in gleicher Farbe streckt!

* Kräftige Farben sind als Blickpunkte geeignet − sie ziehen das Auge des Betrachters an. Die Schwachstellen des Körpers sollte man daher bei der Farbwahl nicht mit kräftigen Farben unterstreichen.

* Dunkle Farben haben nach wie vor den Vorteil, schlanker zu machen.

* Farbbelebungen durch Accessoires machen Spaß und bringen Abwechslung in die Garderobe.
* Eine ausgewogene Grundgarderobe, die sich gut kombinieren läßt, ist leichter mit dunklen, dezenten Farben zu erreichen, die mit kräftigen Farben oder Pastelltönen ergänzt werden.

12. Stoffqualitäten

* Atmungsaktive Fasern, also Naturfasern, sind für das Körperempfinden angenehmer, besonders dann, wenn sie direkt auf der Haut getragen werden.
* Es gibt viele neue Stoffqualitäten wie etwa ,,cool wool''. eine Qualität, die zu 100 % aus Wolle besteht, dünn wie Seide sein kann, fast nicht knittert und nicht aufträgt.
* Bei leichten, fließenden Stoffen ist es ratsam, das Kleidungsstück ruhig eine Nummer größer zu nehmen, damit der dünne Stoff nicht am Körper klebt.
* Pullis und Strickwesten, die nur gut aussehen, wenn sie leger getragen werden, sollten keine grellen, auftragenden Muster haben.
* Crash-Qualitäten sind Stoffe mit Knittereffekt, die meist eine Längsrippenstruktur haben. Damit übersteht man auch gut einen 24 Stunden-Tag.

Wenn Naturfasern wie Baumwolle, Leinen oder Seide knittern, mindert das die edle Qualität nicht − es gehört zum Effekt.

13. Muster

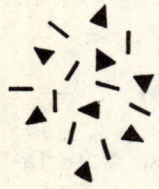

* Große, ausladende Muster sind großen und nach Möglichkeit auch schlanken Frauen vorbehalten. Kleine Frauen sollten bei der Wahl der Muster ihre Körperproportionen beachten.

* Karos haben einen sportlichen Charakter; blumige Muster dagegen wirken femininer und weicher.

* Längsstreifen machen bekanntlich schlanker als Querstreifen, wobei zu bedenken ist, daß schmale Streifen günstiger wirken als breite.

* Breite Blockstreifen in stark kontrastierenden Farben sind sehr auffällig. Ein zarter Nadelstreifen ist nur eine Andeutung und wirkt − wie in der Männermode − dezenter.

* Auch wenn die jeweilige Mode die Kombination mehrerer Muster erlaubt, sollte man das nur mit einem ganz sicheren modischen Gespür wagen.

14. Brillen

* Runde Fassungen machen eckige, kantige Gesichter weicher; dagegen verlangt eine runde Gesichtsform eine strengere, markantere Form.

* Vorsicht vor zu dunklen Umrandungen! Sie lassen einen starken Kontrast aufkommen, der leicht blaß macht.

* Die Größe der Brille sollte im Hinblick auf die Gesichtsgröße gewählt werden.
Als Anhaltspunkt könnte gelten: Obergrenze über den Brauen, seitlich bis zu den Schläfen, Brillenrand bis an die Backenknochen.

* Trauen Sie sich ruhig an farbige Brillenfassungen – das sieht fröhlich aus und macht fröhlich.

* Der stärkste Blickpunkt jedes Menschen sind seine Augen.
Neuer Mut zur Veränderung zeigt sich auch an einer modischen Brille, denn aus der reinen Sehhilfe ist schon längst ein modisches Accessoire geworden.

15. Schmuck

* Schmale Ringe lassen die Finger schlanker erscheinen.

* Auch Schmuckstücke wollen harmonisch zueinanderpassen. So verlangt sportliche Kleidung nach klaren Formen mit wenig Verzierungen.
Die Schmuckstücke – ob Ohrringe, Ketten oder Uhren – passen dann gut, wenn auch die Linie und der Anlaß mitberücksichtigt werden.

* Bei Frauen, die eine romantische, verspielte Linie bevorzugen, werden feinziselierte oder antike Schmuckstücke gut zur Garderobe passen.

* Weniger ist mehr!
Wechseln Sie öfter Ihren Schmuck. Sie müssen Ihren ganzen Besitz nicht auf einmal tragen. Zumal Sie die Stücke mit mehr Freude tragen, wenn Sie sie bewußt auswählen.

16. Gürtel

* Überlegen Sie, wo Sie einen Blickpunkt setzen wollen. Wo möchten Sie, daß man hinschaut? (Am besten auf Ihr figürliches „Plus".)

* Schmale Gürtel können auch bei einer nicht allzu schlanken Taille durch eine besonders schöne Schließe und qualitativ hochwertiges Leder „glänzen".

* Breite Gürtel lassen die Taille etwas kürzer erscheinen, was bei einer großen Oberweite nicht wünschenswert ist. Sie passen daher eigentlich nur zu einer schlanken Taille und/oder einem langen Oberkörper.

* Gehen Sie keine Kompromisse ein: Ein Gürtel ist ein Bestandteil der Kleidung, auf den man durchaus verzichten kann. Wenn Sie sich ohne ihn schlanker empfinden, verzichten Sie darauf.

* Überprüfen Sie bei den Kleidern, die Sie relativ günstig erstanden haben, den dazugehörigen Gürtel. Entspricht auch er Ihrem Geschmacksniveau, oder sollte er durch einen neuen oder bereits vorhandenen ersetzt werden?

17. Taschen

* Wie bereits beim Schmuck angesprochen, gehört zu einer sportlichen Garderobe ebensolches Beiwerk. In diesem Fall am besten eine sportliche Umhängetasche.

* Taschen können das Bild der Kleidung ideal ergänzen. Eine alte Grundregel besagte, daß Taschen und Schuhe die gleiche Farbe haben sollen. Die alte Regel wird aber heute in Modekreisen lockerer gesehen.

* Bei Taschen können Sie ohne Vorbehalte auch zu kräftigen Farben greifen. Gerade bei ganz dunkel gehalte-

nen Outfits kann ein kleiner Farbtupfer einen schönen Kontrast ergeben.

* Die Größe der Tasche sollte den individuellen Bedürfnissen angepaßt sein. Das, was Sie täglich bei sich haben möchten und müssen, sollte beim Kauf einer Tasche, mit der Sie den ganzen Tag unterwegs sind, berücksichtigt werden.

* Zu festlichen Anlässen darf die Tasche ruhig etwas kleiner sein. Es gibt auch Aktenmappen mit dazu passenden Handtaschen. So ist Schönes und Praktisches miteinander vereint.

18. Schuhe

* Ausgeschnittene Schuhe, wie Pumps oder Sandaletten, die die Zehen sehen lassen, verlängern die Beine optisch.

* Laschen verkürzen die Beinlänge.

* Strümpfe und Schuhe der gleichen Farbe bewirken Kontinuität und lassen die Beine länger erscheinen.

* Die Höhe der Absätze sollte nach Anlaß und Bequemlichkeit ausgesucht werden. Bei recht kräftigen Beinen, sollte der Absatz nicht unbedingt Bleistiftform haben.

* Jedoch läßt etwas Absatz jede Beinform schöner erscheinen und verändert den Gang – und damit auch das Auftreten (im wahrsten Sinn des Wortes).

19. Grundbedürfnisse unserer Haut

* Schwimmen Sie wenn möglich zweimal in der Woche eine halbe Stunde. Das strafft die Haut und das Gewebe. Die Massagewirkung des Wassers tut Wunder.

* Gezielte Gymnastik für die Körperteile, die wir uns schlanker wünschen, baut Fettpolsterchen ab.

* Um einer Fältchenbildung im Augen- und Mundbereich entgegenzuwirken, darf es gerade in diesem Bereich nicht an Feuchtigkeit fehlen. Cremes mit speziell angereicherten Feuchtigkeitsessenzen bieten einen optimalen Ausgleich.

* Fitneß-Studios, die neben Gymnastik unser Streben nach Schlankheit durch die angebotenen Trainingsgeräte unterstützen, haben auch einen psychologisch positiven Effekt.

* Sportliche Aktivitäten, die wir mit Freunden oder dem Partner gemeinsam betreiben, haben größere Aussicht, konsequent durchgehalten zu werden. Entschuldigungen sprechen wir vor uns selbst allemal leichter aus als vor anderen.

Teil III

Der 101. Attraktivitätstip

I. Kapitel

Die Gesetze der äußeren Attraktivität

1. Es dauert nur sieben Sekunden

Sie haben sich entschlossen, Ihre Ausstrahlung selbst zu bestimmen! Herzlichen Glückwunsch, denn es gibt hier ganz bestimmte Erkenntnisse, die Ihnen helfen, bei jeder Figur attraktiv zu wirken!

Die Attraktivität beginnt bei der ersten Wahrnehmung, und manchmal wissen wir im ersten Augenblick einer Begegnung, daß wir gut ankommen, oder aber auch, daß wir sozusagen durchgefallen sind! Unser Gehirn wählt blitzschnell aus, welche Informationen es zur ersten Orientierung braucht: In nur sieben Sekunden entsteht in der Regel der erste Eindruck!

Das bedeutet: Wir können nicht „nicht wirken"; wir wirken immer, und sieben Sekunden lang ist alles offen! Sieben Sekunden lang können wir das, was der Partner von uns erfahren soll, zumindest mitbestimmen.

Mich darauf zu verlassen, daß mein Gegenüber in sieben Sekunden wahrnimmt, was wirklich meine Persönlichkeit ausmacht, hieße, ihn zum Hellseher zu machen und dem Zufall zu vertrauen! Die Behauptung, daß jeder zuerst auf die Figur schaut, ist eine Fehlinterpretation vieler Übergewichtiger. Worauf wird denn geachtet? Was nimmt mein Gegenüber überhaupt an mir wahr?

Was ist zu tun, um genau die Signale auszusenden, von denen ich möchte, daß mein Gegenüber sie empfängt?

2. Nur sieben Informationen sind wichtig

Wir können immer nur einen kleinen Anteil dessen, was um uns herum geschieht, bewußt erleben. Selbst jetzt, wenn Sie diesen Satz lesen, nehmen Sie die Geräusche um sich herum wahr, die Buchstabengröße, die Lage Ihrer linken oder rechten Hand?

Wahrscheinlich verlagerten Sie, als Sie diese Möglichkeiten lasen, Ihre bewußte Wahrnehmung auf das, was jeweils von mir angesprochen wurde. Es ist höchst unwahrscheinlich, daß Sie alle oder auch nur einige Fakten, auf die ich Sie gelenkt habe, bewußt wahrgenommen haben.

Die Forschung hat festgestellt, daß das menschliche Bewußtsein sieben plus/minus zwei Informationseinheiten gleichzeitig bewältigen kann. Wir wählen also in jeder Sekunde aus, welche sieben Informationen für uns bedeutungsvoll sind, und nur diese nehmen wir bewußt wahr.

Der sogenannte erste Eindruck besteht also aus rund sieben bewußten Informationen und einer ganzen Fülle von nicht bewußt aufgenommenen Informationen. Alle Informationen zusammen werden in unserem Gehirn gespeichert und bestimmen unser Verhalten.

Diese selektive Wahrnehmung wirkt wie ein Filter. Die Fähigkeit, die eigene äußere Wirkung zu bestimmen, wächst mit der Beherrschung der sieben Informationen, die man seinem Gegenüber gezielt sendet.

Welche Informationen werden wie aufgenommen? Dies ist die wichtigste Frage! Wir unterstellen immer, daß die wichtigsten Informationen die Figur und ihre Vorzüge betreffen! Stimmt das?

Eine Fülle zusätzlicher Wirkungsmöglichkeiten liegt jedoch in der bewußten Gestaltung der Informationen, die das Gegenüber aufnehmen will.

3. Eine neue Wissenschaft bringt Hilfe

Wenn man nur wüßte, was das Gegenüber in den ersten sieben Sekunden an äußeren Eindrücken auswählt . . .?!

Mehr oder weniger verlassen wir uns hier auf unsere Intuition, vielleicht auf Kenntnisse aus der Körpersprache, aber eigentlich tappten wir bis in jüngster Zeit ziemlich im dunkeln!

Heute wissen wir mehr: Um sich schnell und wirkungsvoll in der Umwelt zu orientieren, verfügt unser Gehirn über Informationsauswahlprogramme, und unsere Sinne leisten die entsprechende Informationsaufnahme.

Jeder von uns kann, wie ich schon erklärte, an Augenstellung und Körperhaltung ablesen, welche Sinneskanäle in einem bestimmten Zeitpunkt von uns selbst oder von unserem Gegenüber benutzt werden.

In den ersten sieben Sekunden, bei der Auswahl der ersten sieben Informationen benutzen wir unser Leitsystem, also unseren Sinneskanal, auf den wir uns am ehesten verlassen können.

*Welcher ist mein bevorzugter Sinneskanal? Welcher ist
der meines Gegenübers?*

Es wäre nun leicht, vom visuellen, auditiven oder kin-
ästhetischen Typ zu sprechen, aber in verschiedenen
Situationen benutzen wir unterschiedliche Leitsyste-
me. Außerdem kostet es Zeit, das Leitsystem heraus-
zufinden. Manchmal müssen wir sofort handeln und
schon in der Begrüßung unseren Partner richtig ansprechen! Eine sichere Methode, alle Chancen des ersten Eindrucks wahrzunehmen, ist die Benutzung aller
drei Sinneskanäle.

4. Senden Sie auf allen Kanälen?

Eines ist deutlich: Für Personen mit primär visueller
Orientierung ist meine äußere Erscheinung mein wich-
tigstes Instrument, um den gewünschten ersten Eindruck zu erzeugen. In diesem System werde ich als Bild
wahrgenommen und meine Figur, meine Kleidung, die
Farben und die Haltung sind der Schlüssel zu diesem
Informationskanal meines Gegenübers.

Wie bedeutungsvoll ist dieser Aufnahmekanal? Das
hängt in der Berufswelt sehr stark von der Art der Tä-
tigkeit ab. Wahrscheinlich läßt sich generell sagen, daß
Manager sehr ausgewogen in der Benutzung aller drei
Wahrnehmungssysteme sein müssen. Eine höhere
Führungsposition erfordert vermutlich mehr Visuali-
tät. ,,Visionäre sind gefragt'', so lautete vor kurzem
ein Bericht in der Wirtschaftswoche über den Topma-
nager der Zukunft.

Jemand, dessen Figur äußerlich nicht der Norm entspricht, hat bei visuellen Menschen von Anfang an ei-

nen schweren Stand. Aber er kann die anderen Infokanäle umso geschickter ansprechen, so daß das Bild kompensiert wird!

5. Die sieben-mal-sieben-mal-sieben-Chance

Der erste Eindruck hält sieben Jahre lang an! Unser Gehirn ist der gewaltigste Computer, den es gibt – nur das Handbuch ist verlorengegangen. Wie schon bei der 3-A-Methode näher ausgeführt, sammelt das Gehirn Informationen in Form von Komplett-Filmen mit Sinneseindrücken aus allen fünf Wahrnehmungssystemen. So entsteht bei jeder Begegnung ein Programm des ersten Eindrucks, das bei jeder neuen Begegnung weitergeschrieben wird. Im Schnitt dauert es circa sieben Jahre bis ein Programm des ersten Eindrucks völlig umgeschrieben ist.

Das ist unsere Chance: Im Extremfall schaffen wir in sieben Sekunden für sieben Jahre einen guten Eindruck! Und das durch nur sieben Informationen!

Diese sieben-mal-sieben-mal-sieben-Chance nutzen die meisten von von uns noch unbewußt!

Im nächsten Kapitel erfahren Sie, wie Sie diese Chance gezielt nutzen und in welchen Situationen die Figur wirklich eine Rolle spielt!

II. Kapitel
Attraktivität heißt miteinander schwingen

1. Lernen Sie Ihren eigenen Rhythmus kennen

Wieso ist der soziale Druck, die richtige Figur zu haben, so groß? Warum sind Menschen ohne materielle Not „kreuzunglücklich" über einige Pfund Körperspeck? Warum haben wir die Tendenz, uns unserer Bezugsgruppe in der äußeren Erscheinung anzugleichen? Warum drückt sich soziale Akzeptanz in gleichem Äußeren, gleichem Verhalten, ja sogar in gleichen Bewegungen und gleichem Sprechrhythmus aus?

Neuere Forschungen zeigen: Wenn zwischen zwei oder mehreren Menschen Übereinstimmung und eine gute Beziehung besteht oder sogar Vertrauen herrscht, gleichen sie sich sowohl in der Sprache als auch in der Körperhaltung, der Stimmlage und der äußeren Erscheinung einander an! Das passiert instinktiv und völlig unbewußt.

Bewußt wird dieses Phänomen erst, wenn diese Angleichung in irgendeiner Weise gestört ist. Wir alle haben intuitiv einen Eindruck, ob sich ein Paar im Café, auf der Straße oder im Auto gut versteht. Jetzt erfahren wir, woran wir das ablesen können. Sie machen die gleichen Bewegungen, sie sprechen im gleichen Tonfall, in der gleichen Stimmlage. Sie sind sozusagen, je besser sie sich innerlich verstehen, in allen Schwingungen synchron. Dieses Schwingen möchte ich Gleichklang nennen, und es ist sehr wahrscheinlich darauf zurückzuführen, daß wir eigentlich ein ,,biologisches Pendel'' sind. Obwohl vom äußeren Anschein her aus fester Materie, bestehen wir doch aus unzähligen Molekülen und Atomen, die alle schwingen.

Aus der Physik wissen wir, daß Pendel, die unterschiedlich schnell schwingen, die Tendenz haben, sich dem langsamsten Pendel anzugleichen. So ist es auch bei uns in der zwischenmenschlichen Kommunikation. Jeder von uns hat anscheinend ein Urbedürfnis, sich auf den Partner einzuschwingen, sich auf ihn einzustellen, und zwar nicht nur körperlich, sondern auch seelisch und geistig. Das drückt sich dann in der gleichen Wortwahl, im Atemrhythmus, in der Körperhaltung aus — kurz, in allen unseren Schwingungsbereichen.

Eine Beziehung ist dann entstanden, wenn dieses Einschwingen während der sieben Sekunden des ersten Eindrucks gelungen ist.

Diese innere Struktur, die uns nicht bewußt ist, hat uns wahrscheinlich vor vielen Jahrtausenden das Überleben gesichert. In Sekundenschnelle mußten wir uns damals vergewissern, ob der Mensch oder das Tier, das in unseren Wahrnehmungskreis trat, von der gleichen Art und uns friedlich oder feindlich gesinnt war.

Die Fähigkeit unseres Stammhirns, blitzschnell zwischen den beiden Möglichkeiten Angriff oder Flucht zu wählen, entschied über Leben und Tod. Die Information ,,der andere ist genauso wie ich'' wurde wahrscheinlich schneller wahrgenommen, wenn die Schwingungen, und zwar nicht nur die körperliche Bewegung, sondern auch alle anderen Schwingungsbereiche wie Atem, Sprache, Aussehen als gleich empfunden wurden.

2. Sie gleichen sich wie ein Ei dem anderen

Es ist deutlich, was diese Erkenntnis der Tendenz zum Gleichklang mit dem ersten Eindruck und unserem Thema der äußeren Wirkung zu tun hat. Der Gleichklang bezieht sich auf alles, was schwingt: Aussehen, Körperbewegungen, Sprechen, Atmen sowie der Inhalt des Gesprächs.

Farben haben verschiedene Schwingungen. ,,Falsche" Farben, schreiend bunte Schlipse, altmodische Anzüge, oder zu kurze Hosen haben eigene Schwingungen, die den Gleichklang stören können. Der Mißklang ist nicht leicht zu beseitigen, manchmal auch gar nicht. Ein zu auffälliger Schmuck, ein zu aufwendiges Make-up ist vielleicht gerade noch korrigierbar.

Schwieriger wird es bei unpassenden Schlipsen, zu sommerlichen Anzügen oder zu modischen Frisuren. Wie geht es meinem Gegenüber, wenn ich anders angezogen bin, als es der Norm der Gruppe entspricht? Wir wissen, daß visuelle Menschen den anderen als Bild wahrnehmen und den Gleichklang am Äußeren ,,sehen". Durch dieses Modell des Gleichklangs wird deutlich, daß Garderobe, Haarschnitt und Haut äußerst wichtig sind, wenn es um einen positiven ersten Eindruck geht.

Da weder Garderobe noch Gepflegtheit von Haut und Haar kurzfristig änderbar sind, muß sich mein Gegenüber anders als visuell auf mich einschwingen. Kann er das?

Wir alle kennen Gespräche, in denen uns der Gesprächspartner mit seinem äußeren Auftreten irritierte und wir uns sozusagen zusammennehmen mußten, um beim Thema zu bleiben. Zusätzliche Energien sind dann nötig, um trotzdem Gleichklang zu erreichen.

Einerseits brauche ich zusätzliche Energien, um mich, nachdem ich merke, daß mein Äußeres nicht paßt, wieder wohl zu fühlen. Andererseits braucht mein Partner zusätzliche Energien — besonders, wenn er stark visuell veranlagt ist — um den Gleichklang in anderen Schwingungsbereichen wie Sprache, Körperbewegung oder im Thema zu erreichen. Wie oft sagt uns jemand: ,,Er/sie war viel netter als ich dachte.'' Nachdem die Unterhaltung begonnen hatte, waren demnach vielleicht die Schwingungsbereiche Sprache und Inhalt ein Ausgleich für den Mißklang im Äußeren.

Unbewußt haben wir uns immer schon nach dieser Gleichklangtendenz verhalten. Wie sorgfältig wählen wir unsere Garderobe aus, wenn es um eine Präsentation bei einem Kunden oder um ein Gespräch mit dem Vorgesetzten geht, und wie unwohl fühlen wir uns, wenn wir feststellen müssen, daß wir unpassend gekleidet sind.

Das Angepaßtsein in der Kleidung, im Haarschnitt und in der Hautpflege wird oft als Duckmäusertum, als Opportunismus angeprangert. Durch NLP (Neuro-Linguistisches Programmieren) wissen wir, daß es sich um Urstrukturen unseres Unterbewußtseins handelt, die jeder besitzt. Wie wären sonst der sogenannte Disco-Look, die Parker-Generation, die Yuppies und die Yummies zu erklären, um nur einige zu nennen? Warum kann man Grüne heute meistens schon von weitem erkennen? Und wie kommt es, daß ,,Parlamentsgrüne'' heute schon ,,besser'' gekleidet sind als die Basisgrünen? ,,Gleiche Brüder, gleiche Kappen'' gilt hier wörtlich!

Eines ist sicher: Wenn wir unsere Partner nicht zu Extraenergien zwingen wollen, haben wir die große Chance, unsere Wirkungsmöglichkeit durch Haut, Haar und Garderobe zu vervielfachen!

3. Ändern Sie den Gleichklang

Wie schwinge ich mit dem anderen beispielsweise im Berufsleben mit? Privat geht das natürlich noch einfacher! Kreativ und elegant können wir uns durch Körperbewegungen auf unser Gegenüber einschwingen.

Wenn ich zur Tür hereinkomme und mein Gegenüber steht auf und kommt mir entgegen, werde ich, wenn er die Arme hebt, meine in der gleichen Art heben. Ich werde seine Schrittgröße beobachten und genauso gehen, ich werde seine Kopfhaltung und seine Armbewegungen leicht imitieren. Diese ,,Körperspiegelung'' wird natürlich unterstützt, wenn die Garderobe und alles äußerlich Sichtbare schon im Einklang stehen, sei es durch die Wahl der Farben, des Schnittes, durch die Frisur und/oder durch das Make-up. Die direkte Spiegelung muß sehr diskret erfolgen, sonst fühlt sich mein Partner nachgeäfft. Nicht die genaue Nachahmung ist entscheidend, sondern die Rhythmuswiederholung: Einschwingung zum Gleichschwingen ist auch hier das Thema.

Bei Konflikten ist mein Gegenüber besonders wachsam. Stehen die Zeichen auf Angriff oder Sturm, so ist das ,,Spiegeln über Kreuz'' eleganter. Wenn der Partner die Hand bewegt, imitiere ich den Bewegungsrhythmus mit dem Knie oder dem Fuß. Das ist auch dann besonders wichtig, wenn mein Gegenüber sehr erregt ist. Nach der Gesetzmäßigkeit des Gleichklangs müßte ich mich zuerst auf seinen heftigen Körperrhythmus einpendeln, um ihn dann, wenn wir gleichschwingen, durch eigene, langsamere Körperbewegungen zu besänftigen.

Das kann nicht nur sehr schwierig, sondern auch sehr ungesund sein. Sich nicht auf diese Frequenz der Körperschwingungen einzustellen, sondern kreuzzuspiegeln und etwa den Rhythmus der Körperbewegungen oder der Sprache durch Fingerklopfen oder Fußwippen mitzumachen ist effektiver.

Wie lange dauert dieses Einschwingen? Ewig? Eine einfache Antwort: Testen Sie, und testen Sie immer wieder, ob das Einschwingen also der Gleichklang schon eingetreten ist!

Man unterbricht dafür das Mitschwingen kurz, indem man eine andere Bewegung ausführt. Beispielsweise kratzt man sich am Kopf, wenn das Gegenüber es nicht gerade kurz vorher getan hat. Wenn der Gleichklang beim anderen schon eingetreten ist, wird er innerhalb von rund 20 Sekunden auch seine Arme in Kopfhöhe bewegen. Je nach Intensität des Gleichklangs werden seine Bewegungen beinahe gleich ausfallen.

Wenn er sich schon im Gleichklang befindet, aber der Gleichklang noch nicht sehr tief ist, wird er eine ähnliche Bewegung machen; er wird sich nicht am Kopf kratzen, sondern vielleicht seine Brille zurechtrücken. Solange er bei diesem Beispiel seine Hand in Kopfhöhe hebt, ist der Gleichklang und damit auch eine Beziehung zwischen den Gesprächspartnern hergestellt.

4. Atmen Sie mit

Vielleicht ist Ihnen der Gleichklang über die Körperbewegungen zu mühsam oder zu verräterisch. Absolut diskret und noch effektiver ist die Imitation des Atemrhythmus: Er läßt sich spiegeln, indem Sie immer dann, wenn Ihr Gegenüber ausgeatmet hat, auch ausatmen und beim nächsten Wort, das er sagt, mit dem Einatmen beginnen.

Manchmal heben sich die Schultern oder auch der Brustkorb, dann ist es leichter, das Atmen zu imitieren. Vielleicht erinnern Sie sich, wo Sie den Atemrhythmus täglich erleben: zum Beispiel im Bett, denn beim Einschlafen ist das Bewußtsein abgeschaltet und Sie atmen ganz automatisch mit Ihrem Partner mit.

Elegant ist auch der Beziehungstest: Verlangsamen oder beschleunigen Sie Ihren Atemrhythmus. Folgt Ihr Partner innerhalb von circa 20 Sekunden?

Schwieriger als das Mitatmen ist die Imitation des Lidschlags. Man weiß heute darüber noch nicht sehr viel, sicher ist aber, daß der Lidschlag der Ausdruck eines ganz wesentlichen Rhythmus im Menschen ist. Experten behaupten sogar, die Lidschlagimitation sei noch effektiver als die Atemdoppelung.

Eines muß ganz deutlich gesagt werden: Sowohl das Spiegeln, als auch das Kreuzspiegeln, das Testen des Gleichklangs, ganz zu schweigen vom Mitatmen oder Spiegeln des Lidschlages, müssen geübt werden! Allerdings berühren diese Möglichkeiten unser Thema nur insofern, als der Gleichklang, der durch die Garderobe und das Äußere hergestellt wird, unterstützt wird. Aber auch der Mißklang durch ,,unpassendes Äußeres" kann aufgefangen und kompensiert werden. Wer also keine Lust hat, sich um sein Äußeres zu kümmern, kann allein durch die Beherrschung der Körper-, Atem- und Lidschlagdoppelung seine Wirkungsmöglichkeiten intensivieren. Wer klug ist, nutzt alle Möglichkeiten, also auch das Äußere, um seine Ausstrahlung zu steigern.

Wichtig für die Planung der äußeren Wirkung ist daher die Feststellung, was Ihr eigener bevorzugter Informationskanal ist. Hier gibt es mehrere Möglichkeiten. Die geeignetste ist, sich das, was Sie um sich herum wahrnehmen, in jedem Augenblick bewußt zu machen und Ihre Sprache zu beobachten.

Nachdem Sie Ihr eigenes Leitsystem festgestellt haben und vielleicht auch bemerkt haben, daß Sie in verschiedenen Situationen, wie im Beruf, in der Familie, im Urlaub oder beim Sport, andere Wahrnehmungssysteme benötigen, können Sie die Sinneskanäle, die bei Ihnen nicht so stark ausgeprägt sind, trainieren.

Was jetzt wie eine trockene Pflichtübung klingt, wird Ihnen ganz neue Perspektiven eröffnen! Probieren geht hier über Studieren.

Unsere Wünsche an Sie:

1. Mit dem Partner zu schwingen, ist wesentlich wichtiger als die Idealfigur zu besitzen!

2. Nur bei sehr visuellen Partnern ist der Augenschein die wichtigste Quelle für erste Informationen! Nutzen Sie die Hilfe der 100 Schönheitstips!

3. Es gibt viele Möglichkeiten, sich einzuschwingen: Körperbewegung, Sprache, Sprechweise, oder Atmung!

Wählen Sie die Möglichkeit aus, die Ihnen am meisten Spaß macht, denn Sie sind der Regisseur Ihrer Gedanken und Ihres Lebens!

Schlank und chic

ohne Diät

Nachwort

Herzlichen Glückwunsch!

Für Sie ist die Fähigkeit, eine schlanke Figur zu bekommen und zu behalten, erlernbar!

Der Entschluß, ob und wie Sie sie erlernen wollen, liegt bei Ihnen!

Sie sind der Regisseur Ihrer inneren Bilder, Töne und Gefühle und bestimmen damit, was Sie vom Leben aufnehmen und leben wollen! Begeistert Sie die Vorstellung, das heutige Schönheitsideal an sich selbst zu erleben?

Fällt es Ihnen schwer, sich selbst in der Idealfigur auf dem umseitigen Podest zu sehen?
Auch wenn Sie noch niemals schlank gewesen sind, so führt der Weg zur eigenen schlanken Figur über die innere Vorstellungskraft. Man selbst fühlt sich dadurch dann schon so schlank, wie es der Idealfigur entspricht.

Woher nimmt man nun diese stimulierenden Bilder? Hilfe gibt es in Hülle und Fülle! An erster Stelle zu nennen sind Frauenzeitschriften, die mit Bildern unsere inneren Vorstellungen von einer schlanken Figur anregen.

Als Regisseur Ihres eigenen Figurfilms könnten Sie hier unendliche Ideen schöpfen. Die Vielfalt der Frisur-, Make up- und Bekleidungsvorschläge ist so umfangreich, daß der Tisch für viele Wünsche gedeckt ist.

Die Auswahl durch das Auge steht hier im Vordergrund. In Verknüpfung mit der ausgewählten Figur können Sie Ihr Unterbewußtsein immer daran erin-

nern, daß Sie als Regisseur Ihres eigenen Lebens etwas
Neues planen und realisieren wollen. Verbunden mit
diesen Vorschlägen ist auch ein intensives Kümmern
um die eigenen Wünsche. Auch das kann den inneren
Figurfilm klarer, deutlicher und motivierender gestalten.

Ein anderer Weg führt über das Gruppenerlebnis!
Wenn Sie Zuspruch und Wärme in der Gruppe brauchen und Sie durch Sätze wie ,,Jemand wie Sie ist noch
lange kein Problem für uns." oder ,,Einen Fall wie Ihre Figur haben wir schon einmal erfolgreich gelöst."
motiviert werden können, dann sind Selbsthilfegrup-
pen zur Unterstützung sehr hilfreich.

Wer seinen Mitmenschen gerne als Regisseur von
seinen Plänen berichtet und sich mit Gleichgesinnten
austauscht, der wird hier eher zu klaren, motivierenden Zielbildern kommen.

Verlieren Sie Ihren Humor nicht!

Vertrauen Sie auf Ihre drei Schutzengel!
– Der Kreative sorgt für Ihre Ideen und Ihren Humor.
– Der Sicherheitsengel hält ein waches Auge auf Sie,
  damit Sie keine unnötigen Risiken eingehen.
– Der Schutzengel der Fülle sorgt dafür, daß Ihre Le-
  bensfreude steigt, während Sie Ihre Ziele erreichen.

Sie haben die Wahl, in welcher Figur Sie sich selbst auf
dem Podest sehen wollen. Wie auch immer Sie sich
entscheiden, Sie tun es mit einem neuen Bewußtsein –
dem Bewußtsein des Erfolgs!

Literatur

Bahr, Frank R. Dr. med.: Schlank durch Akupressur. Durch erfolgreiche Selbstbehandlung zum idealen Körpergewicht. Mosaik Verlag, München und Ferenczy Verlag, Zürich 1978

Berg, Karin: So erreichen Sie Ihr Wunschgewicht. Subliminal: Schlankheitsprogramm. Moderne Verlagsgesellschaft 1990

Besser-Siegmund, Cora: Easy-Weight. Der mentale Weg zum natürlichen Schlanksein. Econ Verlag, Düsseldorf, Wien, New York 1988

Grauer, Andrea/Schlottke, Peter F.: Muß der Speck weg? Der Kampf ums Idealgewicht im Wandel der Schönheitsideale. dtv Sachbuch, München 1987

Karrasch, Kurt F. Dr.: Schlank für immer. Schlankheitsführer für gesundes Abnehmen. Medien Creativ Service, Hamburg o.J.

Langsdorff, Maja: Die heimliche Sucht, unheimlich zu essen. Fischer Taschenbuchverlag, Frankfurt am Main 1985

Moron, Jacques Dr. med.: Dick & Dünn. Warum man dick und wie man endlich wieder dünn wird. Rowohlt Taschenbuchverlag, Reinbek 1982

Orbach, Susie: Antidiätbuch. Verlag Frauenoffensive, München 1982

Orbach, Susie: Antidiätbuch II. Eine praktische Anleitung zur Überwindung von Eßsucht. Verlag Frauenoffensive, München 1985

Pearson L. & L.: Psycho-Diät. Abnehmen durch Lust am Essen. Rowohlt Verlag, Reinbek 1987

Ray, Sondra: Schlank durch positives Denken. Die spirituelle Diät. Kösel-Verlag, München 1986

Shakti, Gawain: Stell dir vor. Kreativ visualisieren. Sphinx Verlag, Basel 1984

Syer, John/Conolly, Christopher: Psychotraining für Sportler. Sporting body-Sporting mind. Rowohlt Taschenbuchverlag, Reinbek 1987

Wolf, Doris: Übergewicht und seine seelischen Ursachen. Abnehmen ohne Diät. Pal Verlag, Mannheim 1985

Schönheit · Life-Style · mehr Erfolg

Unterstreichen Sie Ihre Persönlichkeit, und gewinnen Sie an Selbstsicherheit durch

- typgerechte Farbwahl
- passende Kleidung
- angemessenes Verhalten

Ihre Ausstrahlung – Ihr Aussehen und Ihr Auftreten – sind mit entscheidend für Ihren Erfolg.

Für den ersten Eindruck gibt es keine zweite Chance
Aussehen, Bewegung, Haltung, Umgangsformen

4. Auflage
Johanna E. Erdtmann
112 Seiten, Broschur
ISBN 3-478-07330-8   DM 29,80

Man(n) bekennt Farbe
Unterstreichen Sie Ihre Persönlichkeit durch die richtige Kleidung

2. Auflage
Johanna E. Erdtmann
Zahlreiche Farbabbildungen,
96 Seiten, Broschur
ISBN 3-478-07060-0   DM 24,80

Schöner und erfolgreicher durch die richtigen Farben
Ihr Typ + Ihr Stil = Ihr Erfolg

Johanna E. Erdtmann
4. Auflage, 104 Seiten
Zahlreiche Farbabbildungen, Broschur
ISBN 3-478-01073-X   DM 29,80

mvg verlag

Fragen Sie doch Ihren Buchhändler

Moderne Verlagsgesellschaft · Nibelungenstraße 84 · 8000 München 19

Die Reihe für Ihre persönliche Zukunft

Das 1 x 1 des Zeitmanagement Lothar J. Seiwert. Das bekannteste Buch über Zeitplanung. In mehrere Sprachen übersetzt. Verkaufte Auflage über 300 000 Exemplare. ISBN 3-923984-13-8, 64 Seiten, br., **12,80 DM ***

Stroh im Kopf? Vera F. Birkenbihl. Gebrauchsanweisung für's Gehirn. Tips für gehirngerechtes Vorgehen in der beruflichen Praxis. ISBN 3-923984-56-1, 188 S., br., **19,80 DM ***

Management mit Zeitplanbuch Seiwert / Wagner Eine aktuelle Marktübersicht mit allen Zeitplanbuch-Anbietern im deutschsprachigen Raum. ISBN 3-923984-22-7, ca. 224 S., br., **24,80 DM ***

Das Hirn-Dominanz-Instrument (HDI), Roland Spinola / Frank D. Peschanel. Das HDI unterscheidet vier Denk- und Verhaltensstile. Ein neuartiges Instrument für die Selbsterkenntnis. ISBN 3-923984-26-X. 108 Seiten, br., **19,80 DM ***

Das ABC der Arbeitsfreude Graichen/Seiwert Techniken, Tips und Tricks für Vielbeschäftigte. Die 25 wichtigsten Arbeitstechniken von A – Z. ISBN 3-923984-30-8, 80 Seiten, br., **12,80 DM ***

Visualisieren – Präsentieren – Moderieren – Josef Seifert/Silvia Pattay. Bewährte Methoden für eine verständliche Vermittlung von Informationen. ISBN 3-923984-36-7, 144 S., br., **19,80 DM ***

*** unverbindliche Preisempfehlung**

GABAL

GABAL-Verlag GmbH · Dudenhofer Straße 46 · 6720 Speyer · Tel.: 0 62 32 / 96 66